Abhandlungen des kriminalistischen Instituts
an der Universität Berlin.
Herausgegeben von
Dr. Franz von Liszt und Dr. Ernst Delaquis,
Professoren der Rechte in Berlin.
Dritte Folge. Erster Band. 2. Heft.

Die Kriminalpolitik Preußens unter Friedrich Wilhelm I. und Friedrich II.

Von

Dr. Eberhard Schmidt,
Referendar.

Berlin 1914.
J. Guttentag, Verlagsbuchhandlung,
G. m. b. H.

Inhaltsverzeichnis.

Quellen- und Literaturverzeichnis.

Acta Borussica, Die Behördenorganisation und die allgemeine Staatsverwaltung Preußens im 18. Jahrhundert.

Abegg, Versuch einer Geschichte der Strafgesetzgebung und des Strafrechts der Brandenburg-Preußischen Lande, in Zeitschr. f. die Kriminalrechtspflege in den Preuß. Staaten, herausgegeben v. J. E. Hitzig. I. Supp.-Bd., Abt. I. Berlin 1835.

v. Arnim, Bruchstücke über Verbrechen und Strafen. Frankfurt und Leipzig 1803.

v. Bar, Handbuch des deutschen Strafrechts. Bd. I. Berlin 1882.

Berner, Geschichte des preußischen Staates. Bonn 1896.

Conrad, Grundriß zum Studium der politischen Ökonomie. 2. Teil. 4. Auflage. Jena 1904.

Fischl, Der Einfluß der Aufklärungsphilosophie auf die Entwicklung des Strafrechts in Doktrin, Politik und Gesetzgebung und Vergleichung der damaligen Bewegung mit den heutigen Reformversuchen. Breslau 1913. Strafrechtl. Abhandlg., hrsg. von v. Lilienthal. Heft 169.

Frank, Die Wolffsche Strafrechtsphilosophie und ihr Verhältnis zur kriminalpolitischen Aufklärung im 18. Jahrhundert. Göttingen 1887.

Günther, Die Idee der Wiedervergeltung in der Geschichte und Philosophie des Strafrechts. Bd. II. Erlangen 1891.

Günther, Die Strafrechtsreform im Aufklärungszeitalter, aus Archiv für Kriminalanthropologie, Bd. 28. 1907.

Hälschner, Geschichte des Brandenburgisch-Preußischen Strafrechts. Bonn 1855.

Hergenröther, Handbuch der allgemeinen Kirchengeschichte. Bearbeitet von Dr. J. P. Kirsch. 5. Aufl., Bd. I. Freiburg i. B. 1911.

Hintze, Historische und politische Aufsätze, II u. III.

v. Hippel, Beiträge zur Geschichte der Freiheitsstrafe, in Zeitschr. f. d. ges. Strafrechtswissenschaft. Bd. XVIII.

Holtze, Die Strafrechtspflege unter König Friedrich Wilhelm I. Berlin 1894.

Hymmen, Beyträge zu der juristischen Litteratur in den Preußischen Staaten. 3. u. 4. Sammlung. 1779.

Kade, Umschwung in Strafe und Strafvollzug im 18. Jahrhundert. Berlin 1908.

Koser, Friedrich der Große als Kronprinz. Stuttgart 1886.

Kriegsmann, Einführung in die Gefängniskunde. Heidelberg 1912.

Krohne, Lehrbuch der Gefängniskunde unter Berücksichtigung der Kriminalstatistik und Kriminalpolitik. Stuttgart 1889.

Krohne, in Handwörterbuch der Staatswissenschaften, hrsg. v. Conrad, Elster, Lexis und Loening. Bd. IV: Artikel „Gefängnisarbeit". 1909.

Küntzel, Die politischen Testamente der Hohenzollern. Leipzig und Berlin 1911.

Landrecht, Friedrich Wilhelms, Königes in Preussen, Verbessertes Land-Recht des Königreichs Preussen. 1721.

v. Liszt, Lehrbuch des deutschen Strafrechts. 18. Aufl. 1911.

v. Liszt, Strafrechtliche Aufsätze und Vorträge. 2. Bd. Berlin 1905.

Mendelssohn-Bartholdy, Der König Friedrich der Große. 1912.

Montesquieu, Esprit des lois; Paris: Librairie de Firmin Didot Frères, Fils et Cie. 1867.

Mylius, Corpus Constitutionum Marchicarum.

Mylius, Novum Corpus Constitutionum Prussico-Brandenburgensium praecipue Marchicarum.

Oeuvres de Frédéric le Grand. Berlin 1853.

Pollitz, Strafe und Verbrechen. Geschichte und Organisation des Gefängniswesens. Leipzig 1910.

Preuß, J. D. E., Friedrich der Große, Eine Lebensgeschichte. Berlin 1832—34.

Publikationen aus den Kgl. Preußischen Staatsarchiven. Bd. XI. Leipzig 1882.

Kgl. Geheimes Staatsarchiv zu Berlin, Repertorium 49, A. 1, Generalia in Criminalia 1618—1786.

Stölzel, Brandenburg-Preußens Rechtsverwaltung und Rechtsverfassung. Bd. II. Berlin 1888.

Stölzel, 15 Vorträge aus der Brandenburgisch-Preußischen Rechts- und Staatsgeschichte. Berlin 1889.

Willenbücher, Die strafrechtsphilosophischen Anschauungen Friedrichs des Großen. Beling, Heft 56. Breslau 1904.

Zeller, Friedrich der Große als Philosoph. Berlin 1886.

Einleitung.

Monarch und Gerichte in ihrer Stellung zur Strafrechtspflege und Kriminalpolitik.

I. Solange das Königreich Preußen von seinen Monarchen rein absolutistisch regiert wurde, stand das Strafrecht in einem außerordentlich strengen Abhängigkeitsverhältnisse von der Person des Königs. Wenn sich auch unter Friedrich dem Großen der Satz Bahn brach, daß in den Gerichten die Gesetze sprechen, der König aber schweigen müsse [1]), so traf dieser Satz doch lediglich für das Zivilrecht zu und berührte die Art und Weise, in der das Strafrecht geübt zu werden pflegte, nicht im mindesten. Sowohl unter Friedrich Wilhelm I. als auch unter Friedrich dem Großen war der Wille des Königs in allen das Strafrecht betreffenden Fragen der allein ausschlaggebende.

1. Die Carolina war jeglichen Ansehens beraubt [2]), und über ihre Vorschriften setzte der König sich ohne weiteres hinweg, indem er in jedem einzelnen Falle nach Gutdünken entschied; ebensowenig waren für den König die Urteilssprüche der Juristenfakultäten oder der Schöppenstühle, sei es nun ausländischer oder einheimischer, verbindlich, und an Stelle aller dieser ehemals verbindlichen Strafgesetze und Prozeßregeln setzte Friedrich Wilhelm I. in redlicher Fürsorge für sein Land seinen eigenen Willen [3]). Unter Friedrich dem Großen änderte sich an diesem Verhältnis des Monarchen zur Strafrechtspflege im Grunde genommen gar nichts. Auch Friedrich der

---

[1]) Hintze, Hist. u. polit. Aufs. III S. 96.

[2]) v. Liszt, Lehrbuch S. 33.

[3]) Holtze S. 44.

Große hielt es für sein absolutes Recht, in jeden Strafprozeß einzugreifen und ihn nach seinem Willen, nach seinem pflichtgemäßen Dafürhalten entscheiden zu lassen. Allerdings gab es bestimmte Vorschriften, welche die Akteneinsendung in Strafsachen regelten, und der König wurde insofern etwas entlastet, als in geringen Sachen die Entscheidung der Gerichte von ihm nicht geprüft zu werden pflegte; aber sonst galt ganz allgemein der Grundsatz, der in einer Verordnung von 1772 [1]) in folgenden Worten zum Ausdruck gebracht worden ist:

> „Niemand soll mit gewichtigen Leibes-, Gefängnis-, Zuchthaus- und Festungsstrafen, am allerwenigsten Lebensstrafe belegt werden, ohne daß nach den verschiedenen Graden dieser Strafen entweder Unser Etatsministerium allhier in Berlin oder Wir selbst das Erkenntnis auf den Uns darüber gethanen Vortrag bestätigt haben."

Die Justizminister haben unter Friedrich dem Großen den Versuch gemacht, den König aus praktischen Gründen zu einer Einschränkung dieses Bestätigungsrechtes zu veranlassen [2]); doch der König lehnte dieses Ansinnen schroff ab und soll nur geantwortet haben: „Nein! sie sollen alle Kriminalurteile einschicken; sonst würden dabei allerhand Inconvenienzen, und daß die Leute in den Provinzen nach Gefallen gehudelt würden, entstehen können [3])."

Die Ursachen, aus denen beide Monarchen dieses unmittelbare Recht über ihre Untertanen ohne Rücksicht auf die Gesetze ableiteten, sind durchaus verschieden und kommen in der Auffassung beider, die sie von ihrer monarchischen Stellung hatten, deutlich zum Ausdruck. Da die staatsrechtlichen Grundgedanken der Könige, die hierbei zu erörtern sind, nicht allein für die vorliegende Frage, sondern auch weiterhin im Hinblick auf ihre Anschauungen über Verbrechen und Strafe von ausschlaggebender Bedeutung sind, so mag bereits an dieser Stelle etwas eingehender ihrer gedacht werden.

---

[1]) Stölzel S. 263. Vgl. auch E. Preuß III, S. 378: „Ich bin eigentlich der oberste Justizkommissarius in meinem Lande."

[2]) Acta Borussica VI, 2, S. 611/12: 26. VI. 1743.

[3]) Abegg S. 166, Anm. 218. Kade S. 65.

Friedrich Wilhelm I. hielt seine königliche Stellung für eine göttliche Institution und war der Ansicht, daß er als König seinen Untertanen gegenüber Gottes Stellvertreter sei. Mit klaren Worten kommt dies unter anderm zum Ausdruck in einem Mandat vom 28. Juni 1713 [1]), in dem der König ausspricht, daß „Uns der höchste Gott zu Handhabung Göttlicher und Weltlicher Gesetze auf den Thron erhoben..., Uns auch aller Unterthanen Leben und Wollfahrt auf unser Gewissen gebunden" habe. Demgemäß glaubte sich Friedrich Wilhelm Gott gegenüber in jeder Weise für das Wohl seines Landes verantwortlich und sah sich gerade bei der Ausübung seiner strafrichterlichen Gewalt veranlaßt, in weitestem Maße auch das Seelenheil der verurteilten Landeskinder zu berücksichtigen [2]).

Ganz im Gegensatz zu diesen religiösen Anschauungen seines Vaters schaltete Friedrich der Große von vornherein bei der wissenschaftlichen Erörterung über das Wesen des Staates und der monarchischen Stellung das religiös-transzendente Moment vollkommen aus. In natürlicher Weise suchte Friedrich die Entstehung des ersten Staatswesens auf rein weltliche Maßnahmen einer Anzahl von Familienväter in der Urzeit zurückzuführen, die sich ehedem zusammenschlossen, um sich ein gesichertes Leben zu verschaffen. In diesem Sinne schrieb der König in seiner bekannten Dissertation sur les raisons d'établir ou d'abroger les lois [3]):

> „... les pères de famille convinrent, pour leur sûreté, de s'opposer à ce débordement. On publia donc des lois, et l'on créa des magistrats pour les faire observer".

Schon diese letzte Bemerkung enthält auch einen Hinweis auf den Ursprung seiner eigenen monarchischen Position. Auch in dieser wollte er keine göttliche Einrichtung erkennen, und so rief er in seiner glänzenden Considération sur l'Etat présent du corps politique de l'Europe [4]) warnend den Fürsten Europas zu:

---

[1]) Mylius CCM. II, III. Abt. Nr. XXVII.

[2]) Holtze S. 40/41.

[3]) Oeuvres IX, S. 12.

[4]) Oeuvres VIII, S. 25.

„Voici l'erreur de la plupart des princes. Ils croient que Dieu a créé exprès, et par une attention toute particulière pour leur grandeur, leur félicité et leur orgueil, cette multitude d'hommes dont le salut leur est commis;"

dagegen würden sie bei einer Betrachtung des Ursprungs ihrer hervorragenden Stellung erkennen,

„que ce rang, dont ils sont si jaloux, que leur élévation n'est que l'ourage des peuples."

Weicht Friedrich also in seinen staatsrechtlichen Grundgedanken von Friedrich Wilhelm I. weit ab, so stimmt er doch in der Erkenntnis seiner königlichen Pflichten durchaus mit ihm überein; denn auch er ist sich bewußt, daß der Fürst seine Macht einzig und allein zum Wohle seines Volkes ausnutzen darf, dem er in allererster Linie zu dienen habe; denn jene Familienväter wählten den aus ihrer Mitte zum Fürsten [1]),

„qu'ils ont cru le plus juste pour les gouverner.... et en qui la souveraine puissance pût servir d'appui aux lois et à la justice."

3. Die Folge der strengen Abhängigkeit der Strafrechtspflege vom Willen des Monarchen besteht zunächst darin, daß man unter Friedrich Wilhelm I. und Friedrich II. eigentlich nicht von einer Ausübung des Strafrechts (im Sinne festen Gesetzesrechts) reden kann, sondern mehr von einer praktisch betriebenen Kriminalpolitik sprechen muß, da von Fall zu Fall anders entschieden werden konnte, je nachdem man dieses oder jenes Ziel mit der Bestrafung verfolgen zu müssen glaubte. Freilich gab es hier — zumal unter Friedrich dem Großen — bestimmte Richtlinien, und da diese für alle in der gesamten Monarchie vorfallenden Delikte von der Person des Königs angegeben wurden, erhielten die preußischen Lande eine ziemlich einheitliche Rechtsprechung [2]), die sonst bei dem durchaus verschieden gearteten Provinzialrecht nicht möglich gewesen wäre. Andererseits brachte es die polizeiliche Ausübung des Strafrechts unter dem unmittelbaren Einfluß des Königs mit sich,

---

[1]) Oeuvres VIII, S. 25/26. Näheres über Friedrichs Staatslehre bei Willenbücher S. 4 ff.

[2]) Abegg, Anm. 208; Hälschner S. 183.

daß an Stelle der ungerechten und bestechlichen Klein-Justiz einzelner Städte und Herrschaften nunmehr eine einheitliche, wenn auch durchaus nicht fehlerlose, aber „gegen schwache Bestechungskünste gefeite Strafjustiz oder besser Polizeigewalt [1]" gesetzt wurde. Und hierin ist, wie Holtze zeigt, in erster Linie das große Verdienst Friedrich Wilhelms I. zu erblicken, der damit seinem Nachfolger aufs wirksamste vorgearbeitet hat. Diese Einheitlichkeit der Praxis war um so bedeutsamer, als es in jenen Zeiten darauf ankam, das Land nach innen hin vor den verbrecherischen Elementen, die die mannigfachen Kriege ins Land geworfen hatten, zu beschützen; und dies war nur durch eine rücksichtslose, straffe und gleichmäßig gehandhabte Strafgerichtsbarkeit möglich. Außerdem war es unter Friedrich dem Großen von höchster Bedeutung, daß sämtlichen preußischen Landen infolge seiner vorgeschrittenen kriminalpolitischen Ideen eine vorbildliche Strafrechtspflege zugute kam, so daß Preußen sich den Ruhm erwerben konnte, „allen andern deutschen Staaten mit seinem Beispiele voran zu leuchten" [2]. Blutige Justizmorde, wie sie zur selben Zeit in Frankreich sich ereigneten, waren in Preußen ein Ding der Unmöglichkeit.

Es gehört im übrigen nicht in den Rahmen dieser Arbeit, den einzelnen Verfügungen der beiden Monarchen, welche das Bestätigungsrecht sichern sollten, in weiterem Maße Aufmerksamkeit zu schenken; es sind dies mehr strafprozeßrechtliche als kriminalpolitische Fragen, und es genügt daher, hervorzuheben, daß in allen schwierigen und bedeutsamen Fällen, wie es ja aus der erwähnten Verordnung von 1772 hervorgeht, die Akten an das Berliner Kriminalkolleg eingesandt und die Urteile dem Könige zur Bestätigung vorgelegt werden mußten.

II. Aus dem bisher Gesagten geht hervor, daß unter der Kriminalpolitik Preußens zur Zeit Friedrich Wilhelms I. und Friedrichs des Großen in erster Linie die Kriminalpolitik dieser

---

[1]) Holtze, S. 44. Friedrich Wilhelm hat seine reformatorischen Bestrebungen überhaupt mehr auf die Handhabung der Strafgerichtsbarkeit gerichtet, indem er die verwaltungstechnische Seite derselben modifizierte. Hintze, Acta Borussica VI, 1.

[2]) Hälschner S. 183.

beiden Könige zu verstehen ist; denn neben dem unmittelbaren Einfluß der Monarchen auf die preußische Strafrechtspflege spielten die Gerichte nur eine untergeordnete Rolle. Die Gerichte waren nach ausdrücklichen Verordnungen an die Gesetze und die königlichen Edikte gebunden, und allein dem König stand es zu, im einzelnen Falle von den Gesetzen und den in den Edikten erlassenen Vorschriften abzuweichen [1]). Wenn es je vorkam, daß die Richter von der Strenge der Gesetze abwichen, so erfolgte mit Sicherheit eine Verwarnung aus dem königlichen Kabinett,

> „allermaßen keinem Collegio freisteht, von der Schärfe der Gesetze und Verordnungen abzugehen, und höchstgedachte S. K. M. Sich die Milderung derer Strafen oder Begnadigungen allein vorbehalten." [2])

Trotz dieser absoluten Unterordnung der Gerichte unter den Willen des Monarchen darf aber nicht vergessen werden, daß auch den Gerichten — insbesondere den höheren praktischen Juristen — ein gewisser mittelbarer Einfluß auf die Gestaltung der preußischen Kriminalpolitik zuzusprechen ist; ihr Verhalten zu den großen Veränderungen, die das 18. Jahrhundert brachte, ist durchaus nicht nur ein passives gewesen; vielmehr finden wir doch manche Spuren davon, daß bisweilen von den höheren Gerichten, vor allem vom Berliner Kriminalkolleg, die Initiative zu nicht unbedeutenden Änderungen ergriffen wurde [3]). An sich aber bestand der oben dargelegte Grundsatz von der Gebundenheit der Gerichte, ein Grundsatz, dem es in erster Reihe zu danken ist, daß der richterlichen Willkür und Unvernunft, die dem Strafrecht nach der Carolina bis ins 18. Jahrhundert hinein so verderblich war, die Wege abgeschnitten und einem gerechteren Verfahren die Bahnen geebnet wurden.

---

[1]) Daß sich dennoch manchmal eine Divergenz zwischen Gerichtspraxis und Gesetz bilden konnte, davon wird der Text weiter unten ein Beispiel bringen. Vgl. S. 32.

[2]) Acta Borussica VIII, S. 668: K. O. an das Generaldirektorium vom 25. I. 1750.

[3]) Vgl. besonders unten über: Selbstmord, Kindestötung, Abschaffung des „hölzernen Bockes", Diebstahlsstrafen u. a. m.

1. Abschnitt.

Die Auffassung von Verbrechen und Strafe, insbesondere die Bedeutung des Vergeltungsgedankens unter Friedrich Wilhelm I. und Friedrich dem Großen.

I. Hatten die staatsrechtlichen Grundgedanken, die uns bei Friedrich Wilhelm I. und Friedrich dem Großen begegnet waren, trotz ihrer Verschiedenheit insoweit das nämliche Ergebnis gezeitigt, als die Stellung der Monarchen zur Strafrechtspflege in Frage stand, so finden wir eine aus dieser Verschiedenheit sich ergebende Folge sofort bei einer Erörterung über die Anschauungen, die Friedrich Wilhelm und Friedrich der Große vom Wesen des Verbrechens und der Strafe hatten. Die hier hervortretende große Differenz beruht ganz besonders darauf, daß beide Monarchen in ihren Ansichten über die Religion und die Beziehungen der Theologie zum Strafrecht weit auseinander gingen.

1. Man kann bei einer Erörterung über Friedrich Wilhelms Anschauungen von Verbrechen und Strafe nicht eigentlich von einer Straf-„Theorie" dieses Königs sprechen, da er ja, wie allgemein bekannt ist, philosophischen Fragen aus dem Wege ging und sich nie in eine tiefe Ergründung wissenschaftlicher Probleme einließ. Aber die von ihm erlassenen Kabinettsordres und Verfügungen, seine Edikte und das unter seinen Auspizien erlassene Landrecht von 1721 lassen uns doch erkennen, daß Friedrich Wilhelm I. im Verbrechen nur die durch den schädlichen Erfolg bedeutsam gewordene, im übrigen isoliert dastehende Tatsache sah, die, von äußeren Einflüssen unberührt, dem bösen aber freien Willen des Täters entsprungen war [1]). Dazu kam ferner, daß Friedrich Wilhelm infolge seiner streng-religiösen Gesinnung in jedem Verbrechen die die Gottheit verletzende Sünde [2])

[1]) Vgl. Kade S. 19/20.

[2]) Zahlreiche Beispiele hierfür im Landrecht von 1721. Vgl. u. a. Tit. VI, Art. I, § I, Tit. V, Art. II, § I: „GLeichwie der Nahme GOttes dadurch gleichfalls sehr gemißbrauchet wird, wenn man die Göttliche Majestät zum Zeugen der Wahrheit anruffet, und doch mit Lügen und Trügen umgehet, und solcher Gestalt einen

erblickte. Das Verbrechen störte also nicht nur die bestehende Rechtsordnung des auf göttlicher Institution beruhenden Staatswesens, sondern es kränkte Gott selber, und die Strafe diente seiner Auffassung gemäß dazu, diese beiden Wirkungen wieder wettzumachen.

Bei der Zumessung der Strafe und beim Strafvollzug gedachte man daher einerseits der Verletzung der Rechtsordnung, der Untergrabung der staatlichen Autorität. Dieser mußte energisch vorgebeugt werden, und diesen Zweck suchte man durch eine möglichst nachhaltige Abschreckung der Untertanen zu erreichen [1]). Andererseits erschien aber auch die Beleidigung der Gottheit als ein für die irdische Strafrechtspflege höchst bedeutsames Moment. Wir finden in den königlichen Kabinettsordres, die gegen schwere Verbrechen gerichtet sind, fast regelmäßig einen Hinweis auf die Notwendigkeit, Gott mit der Strafe zu versöhnen, einen Hinweis, der uns in den verschiedensten Fassungen begegnet und besonders charakteristisch in einem Edikt vom 12. März 1718 [2]) zum Ausdruck kommen dürfte, wo es heißt:

> „Solte sich nun finden, daß der Thäter das Leben verwürcket; So soll darauf ohne Ansehen einiger Persohn gesprochen und mehr auf GOttes Befehl, so derjenigen Blut, die Menschen Blut vergossen, wieder vergossen [3]) haben will, als auf ungegründete Ausflüchte, welche zum Deckmantel der Boßheit erdacht seyn, sehen und dessen nicht schonen sollen, welchen GOtt und die Gesetze hierin nicht wollen geschonet wissen; Jedoch versteht es sich von selbst, und ist in Heyliger Schrift gegründet, daß, wann zufälliger Weise und nicht aus Vorsatz oder in Notwehr Jemand entleibet wird, der Täter damit gehöret und nicht unschuldig condemniret werden müsse, damit nicht ein Unschuldiger

falschen Eyd geflissentlich schweret; Allermassen dadurch die Göttliche Majestät so wol zum höchsten beleydiget wird, ...". Andere Beispiele bei Kade S. 11, Anm. 1.

[1]) Darüber vgl. Abschnitt 2.

[2]) Mylius CCM. II, III. Abt. Sp. 115 ff.

[3]) 1. Mose 9, 6.

zum Tode verurtheilet[1]) und anstatt unschuldig Blut zu rächen, solches vergossen und dergestalt das Land damit beschweret werde."

Gott wird also ganz im Sinne des alten Testamentes als der rächende, vergeltende Richter angesehen, der die Untat sowohl am Täter, als auch an dem Lande heimsuchen würde[2]), wenn die Vergeltung nicht schon auf Erden den Verbrecher träfe. Daraus ergab sich aber für die Strafrechtspflege die Notwendigkeit, dem Täter eine Strafe angedeihen zu lassen, die möglichst im Sinne jener alttestamentlichen Vergeltungsidee[3]) die Tat sühnte[4]); mit andern Worten: Die Strafe mußte dem Vergeltungsgedanken gemäß möglichst hart und qualvoll sein, damit dem Delinquenten die ebenso körperlich gedachten, aber noch viel grausameren Strafen des Jenseits erspart blieben. So berührten sich die weltlichen und die transzendentalen Strafzwecke aufs engste und führten durchaus zur Anerkennung des

---

[1]) Auf keinen Fall huldigte daher wenigstens der König der Auffassung, auf die man aus einer Bemerkung Holtzes (S. 40) schließen dürfte, wo dieser schreibt: „traf man (mit der Strafe) einen, ... der zufällig... unschuldig war, so erschien dies sehr vielen immer noch als ein geringeres Übel, als wenn das Verbrechen gar nicht gestraft wäre." Dies dürfte kaum mit dem in Einklang zu bringen sein, was der König an der im Text angegebenen Stelle ausspricht, und auch nicht mit dem ganzen Schreckensapparat, der entfaltet wurde, um ein „wahres" Geständnis zu erlangen, damit der Beweis der Schuld „klarer als die Mittagssonne" wäre!

[2]) Daß die Schuld eines Menschen seinem ganzen Lande verderblich sein kann, findet sich in verschiedenen Bibelstellen; 3. Mose 4, 3; 5. Mose 21, 6—9; 4. Mose 35, 33: „Wer blutschuldig ist, der schändet das Land; und das Land kann vom Blute nicht versöhnet werden, das darinnen vergossen wird, ohne das Blut des, der es vergossen hat." Vgl. auch Matthäus 27, 24 u. 25.

[3]) Über den Einfluß des Alten Testamentes vgl. Günther, Idee usw. S. 14. Dazu: 3. Mose 24, 19: „Und wer seinen Nächsten verletzt, dem soll man tun, wie er getan hat." 1. Mose 9, 6; 2. Mose 21, 12, 24 u. 25. Dagegen Matthäus 5, 21 ff.

[4]) Holtze schreibt a. a. O. S. 41 von den harten Todesstrafen, daß sie „bessernd auf die Verbrecher selbst einwirken" sollten. Das ist ungenau gefaßt und legt den Gedanken nahe, daß H. Vergeltung im Sinne der Bibel und Besserung im kriminalpolitischen Sinne verwechselte. Friedrich Wilhelm wollte dem Verbrecher sein Seelenheil retten, aber jeder kriminalpolitische Besserungsgedanke lag ihm fern.

Wiedervergeltungsgedankens, der vielfach der Grund zur Durchführung einer völligen Talion wurde, wenn der Verbrecher dasselbe Übel, das er dem Verletzten zugefügt hatte, ebenfalls leiden mußte. Der Grundsatz, daß die Strafe dem Verbrechen proportional sein müsse, hatte daher unter Friedrich Wilhelm I. vielfach nur eine übertriebene Talion zur Folge [1]); man faßte ihn viel zu äußerlich auf, so daß er nicht zu einer Milderung des bisherigen Strafensystems führen konnte, sondern im Gegenteil nur zu einer Verschärfung.

2. Eine große Kluft trennt die von Friedrich dem Großen geteilten Ansichten über Verbrechen und Strafen von den bisher erörterten Anschauungen Friedrich Wilhelms I. Da diese Trennung in erster Linie herbeigeführt wurde durch den Einfluß der Aufklärungsphilosophen Frankreichs und dieser Einfluß sich in weitestem Maße auch bei den im nächsten Abschnitt zu erörternden praktischen Maßnahmen des Königs bemerkbar macht, so sei bereits an dieser Stelle die Lehre Montesquieus und Voltaires in ihren Grundzügen kurz zur Darstellung gebracht.

Montesquieu und Voltaire waren es bekanntlich in erster Linie, die auch für die Kriminalpolitik eine neue Zeit heraufführten. Dem Vergeltungsgedanken abhold, stellten sie als Strafzweck die Abschreckung auf und kamen vor allem zur Forderung eines milden Strafensystems. Montesquieu zeigte im „Esprit des lois", daß die überall herrschenden rohen Strafen auch die Gesinnung der Bürger verrohen lassen müßten; denn die Gewohnheit trüge den Sieg über die Furcht vor den schweren Strafen davon, die rohe Härte der Strafe sei also mehr schädlich als fördersam und daher auf jeden Fall unbedingt zu verwerfen [2]). Deutlich bringt er die unselige Folge des harten Strafensystems mit kurzen Worten zum Ausdruck, wenn er schreibt [3]):

[1]) Statt vieler Kade S. 19.

[2]) Espr. d. l. Livre VI. Chap. XII: „Les vols sur les grands chemins étaient communs dans quelques Etats; on voulut les arrêter: on inventa le supplice de la roue, qui les suspendit pendant quelque temps. Depuis ce temps on a volé comme auparavant sur les grands chemins." Vgl. auch Fischl S. 32.

[3]) Esprit des lois, Livre VI, Chap. XII.

„Les esprits sont corrompus; ils se sont accoutumés au despotisme."

Voltaire wollte ebenfalls eine Milderung des Strafensystems erreicht wissen, ja er ging sogar weiter als Montesquieu, indem er lebhaft für die Abschaffung der Todesstrafe überhaupt eintrat, in der er ein höchst „antiökonomisches" Strafmittel sah [1]). Er forderte, man müsse den Verbrecher dem Staate nützlich machen, den Falschmünzer also z. B. in den staatlichen Münzwerken beschäftigen [2]), kurz: er trat dafür ein, daß an die Stelle der rein unschädlichmachenden Strafen solche gesetzt werden sollten, die mindestens die Arbeitskraft des Täters dem Staate erhielten. Ebenso wie der Strafzweck ein nützlicher sein sollte, sollte auch die Strafe selbst ökonomisch wertvoll sein.

Wenn oben schon erwähnt wurde, daß im Hinblick auf die Strafzwecke die Abschreckung das erstrebenswerteste Ziel war, das Montesquieu und Voltaire kannten [3]), so darf man dabei „Abschreckung" durchaus nicht nur im Sinne von Generalprävention auffassen; auch die Spezialprävention spielte eine — wenn vielleicht auch bescheidene — Rolle, wofür einige Stellen aus dem „Esprit des lois" Beweis ablegen mögen. Sieht man sich nämlich die von Montesquieu aufgestellte Verbrechensskala [4]) an und betrachtet man die für die einzelnen Gruppen angedrohten Strafen, so erkennt man, daß Montesquieu die Einführung solcher Strafen befürwortet, die die Gesinnung beeinflussen sollen, und zwar nicht nur die Gesinnung außenstehender Dritter, sondern auch — das scheint mir deutlich daraus hervorzugehen — die Gesinnung des Täters selbst. Bei Sittlichkeitsverbrechen verwendet er sich für gewisse Ehrenstrafen, „pour réprimer la témérité des deux sexes"; bei schwereren Verbrechen gegen die Ruhe der Bürger hält er solche

---

1) Frank S. 64, 65. Günther S. 175. Fischl S. 46.

2) Frank S. 65. Fischl S. 47.

3) Frank S. 64; Fischl, S. 30, spricht von „Abschreckung" schlechthin, ohne auf den Unterschied zwischen general- und spezialpräventiver Abschreckung einzugehen.

4) Esprit des lois: Livre XII, chap. IV.

Strafen für angemessen, „qui ramènent les esprits inquiets, et les font rentrer dans l'ordre établi". Und nur bei den schwersten Verbrechen fordert er die Vernichtung des Delinquenten.

Freilich erklärt sich Montesquieu nicht darüber, in welcher Weise der Strafvollzug zu gestalten ist, wenn es sich um eine Beeinflussung der verbrecherischen Gesinnung handelt; die Beantwortung solcher Fragen überläßt er wohl der Praxis. Aber die Bedeutung Montesquieus und Voltaires beruht ja auch nicht darauf, daß sie genau die Mittel zeigten, mit denen man den neuen Ideen zur Durchführung verhelfen müsse, sondern darin, daß sie mit aller Schärfe prinzipielle Forderungen erhoben und vollkommen mit dem Bestehenden brachen. Ein mildes Strafensystem, Berücksichtigung auch des Täters bei der Zumessung der Strafen und vollkommenes Abwenden von dem religiösen Vergeltungsgedanken: das sind die Leitsätze, die Montesquieu und Voltaire für eine Strafrechtsreform aufgestellt hatten.

Friedrich der Große, der als erster diese Forderungen der Aufklärungsphilosophie verwirklichen sollte, stand, was seine Auffassung vom Verbrechen und von der Strafe betrifft, durchaus auf dem Boden ihrer Lehre. Auch er sah das Verbrechen in einem ganz anderen Lichte, wie sein Vorgänger, und setzte die Tat des Delinquenten in Beziehung zu den Voraussetzungen menschlicher Lebensgemeinschaft. Im direkten Anschluß an seine oben entwickelte Staatslehre ist daher das Verbrechen nach Friedrichs Meinung eine Verletzung jenes Staatsvertrages, ein ungebührliches Aufbäumen des eingedämmten Egoismus gegen die sozialen Interessen, eine gegen die Fundamente der menschlichen Gesellschaft gerichtete Handlung. Das ist der Grundgedanke in der Auffassung Friedrichs vom Verbrechen. Er ergibt sich uns aus seiner Theorie vom Ursprung des Verbrechens mit voller Klarheit; denn die unsozialen Leidenschaften, die der Mensch in sich trägt, — Ehrgeiz, Rachsucht, Verschwendung, Müßiggang, letzterer ganz besonders — sind die Quellen des Verbrechens [1]). Damit erkennt Friedrich zwar

[1]) Willenbücher S. 9 u. 10.

an — und er sagt es oft ausdrücklich [1]) —, daß Fehler, die uns angeboren, in unserm Charakter begründet sind, zum Verbrechen den Anstoß geben, aber er kommt trotzdem nicht zur Anerkennung einer Willenslosigkeit des Menschen, sondern er ist der Ansicht, daß der Mensch die Vernunft [2]) in sich trägt, um die Leidenschaften zu bekämpfen, jene Vernunft, die uns zum gesellschaftlichen Zusammenschluß getrieben hatte:

„Sans doute que rien n'arrive sans cause, mais toute cause n'est pas nécessaire [3]).“

Einer derartigen Auffassung vom Verbrechen entspricht die von der Strafe. Die Strafe soll in erster Linie sein ein Gegenmotiv gegen unsere Leidenschaften, die Aussicht auf die Strafe soll die Vernunft im Kampfe gegen diese Leidenschaften unterstützen; folglich ist der Zweck der Strafe einmal die Abschreckung der Allgemeinheit von der Begehung eines Verbrechens, andererseits aber auch eine Beeinflussung des Täters in einer den sozialen Erfordernissen günstigen Weise, mit anderen Worten: Friedrich der Große bringt als einen neuen Faktor in die Rechnungen der preußischen Kriminalpolitik den Gesichtspunkt der Spezialprävention, den Gedanken der psychischen Anpassung des Verbrechers an die Gesellschaft.

Bevor indessen auf die utilitaristischen Zwecke, ihre Durchführung und ihr Verhältnis zueinander näher eingegangen werden kann, ist es von Wichtigkeit, in großen Zügen das Schicksal des Vergeltungsgedankens kennen zu lernen.

Anscheinend steht der Vergeltungsgedanke im engsten Zusammenhang mit dem gerade von Friedrich dem Großen immer und immer wieder betonten Satze, daß die Strafe dem Verbrechen proportional sein müsse. Aber mit Recht hat demgegenüber v. Liszt [4]) scharf betont, es sei

---

[1]) Oeuvres IX, S. 183: „L'homme reçoit en naissant son tempérament, son caractère avec le germe de ses vices et de ses vertus.“

[2]) Zeller S. 61 ff.

[3]) Oeuvres IV, S. 179, dazu Willenbücher S. 27 ff.

[4]) v. Liszt, Strafrechtliche Vorträge u. Aufsätze S. 138 ff. u. 379 ff.; vgl. auch Günther, Strafrechtsreform S. 154/5.

„völlig verkehrt, in dieser Forderung das Prinzip der ‚Wiedervergeltung' finden zu wollen. Nichts hat der Literatur der Aufklärungszeit ferner gelegen, als der Gedanke der Wiedervergeltung, der Talion, der Sühne."

Der Satz von der Proportionalität zwischen Strafe und Verbrechen brachte lediglich in kurzen Worten das Programm der gesamten Aufklärungsphilosophen zum Ausdruck, die unter Betonung dieses Erfordernisses das unmenschliche Strafensystem der damaligen Zeit bekämpften. Und in diesem Sinne sprach auch Friedrich von der Proportionalität der Strafen und Verbrechen, jede Betonung des Vergeltungscharakters der Strafe lag ihm völlig fern. Richteten sich doch alle seine kriminalpolitischen Bestrebungen gerade gegen die Zustände, die der moraltheologische Einfluß auf das Strafrecht und die dadurch bewirkte Betonung des Vergeltungsgedankens gezeitigt hatten. Wenn Friedrich in seiner Dissertation einmal schreibt, daß beim Diebstahl der Täter im Anklang an altjüdische Talion vielleicht mit Ersatz des Doppelten bestraft werden könnte [1]), so will er damit auf keinen Fall, wie Kade dennoch meint [2]), die Wiedervergeltung als Straf**zweck** anerkannt wissen, vielmehr wendet er sich auch an dieser Stelle nur gegen das in den meisten Ländern bestehende Mißverhältnis zwischen Diebstahls*verbrechen* und Diebstahls*strafen*, er bringt nur den Satz von der

[1]) Die Stelle lautet: „Les lois (in Preußen) punissent point de mort le vol simple; elles se contentent de condamner le coupable à certain temps de prison. Peut-être ferait-on mieux encore d'introduire la loi du talion qui s'observait chez les Juifs, par laquelle le voleur était obligé de restituer le double de ce qu'il avait dérobé, ou de se constituer l'esclave de celui dont il avait saisi le bien." Aus der vorsichtigen Fassung („peut-être" — „introduire") geht m. E. gerade hervor, daß F. II eine eventuelle Einführung einer solchen Geldstrafe höchstens aus rein praktischen Gesichtspunkten für erwägenswert hielt und daß der ganze Hinweis auf die mosaische Talion mehr unter dem Gesichtspunkt einer historischen Reminiszenz als unter dem einer beabsichtigten Wiedervergeltung geschah.

[2]) Kade schreibt S. 61: „Der Zweck (!) der Wiedervergeltung tritt ferner zu verschiedenen Malen in den Meinungsäußerungen des Königs hervor." Auch bei anderen Schriftstellern findet sich derselbe Fehler, besonders Pollitz a. a. O. S. 15 bringt Wiedervergeltung und Proportionalität als zusammengehörig und identisch.

Proportionalität in besonders krasser Form zum Ausdruck. Das geht m. E. ganz deutlich daraus hervor, daß er sofort im Anschluß daran schreibt:

„Si l'on se contente de punir légèrement les petites fautes, ou réserve les derniers supplices aux brigands, aux meurtriers, aux assassins, de sorte que la punition marche toujours de pair avec le crime."

Die Vergeltung, die bei jeder Strafe eben als etwas Selbstverständliches und Gegebenes betrachtet wurde [1]), wurde demgemäß als besonderes kriminalpolitisches **Ziel** aufgegeben, und dies um so leichter, als Friedrich — der philosophische Freidenker — sich nach dem Vorbilde der Aufklärer gänzlich von dem Gedanken an die durch die Strafe herbeizuführende Versöhnung Gottes abwandte. Dadurch befreite er mit einem Schlage die preußische Kriminalpolitik von dem unseligen Einflusse der orthodoxen Moraltheologie, die der Strafrechtspflege in den Zeiten nach der Carolina so verderblich wurde. Die praktische Folge dieses Vorgehens des Königs war unmittelbar die, daß die Religionsdelikte [2]) unter Friedrich II. nicht mehr in der alten, oft überaus harten Weise, ja mitunter [3]) gar nicht mehr bestraft wurden, während deren Bestrafung bisher unter Friedrich Wilhelm I. im Anschluß an biblische Vorschriften [4]) als selbstverständlich galt. Daß sich die Praxis unter Friedrich dem Großen kaum noch mit der strafrechtlichen Verfolgung dieser Religionsdelikte zu befassen hatte, geht aus dem Berichte eines Berliner Juristen Kessler hervor, den dieser beim Beginn der Kodifikationsvorarbeiten im Jahre 1779 an Fürst sandte [5]). Kessler war dabei anfangs im Zweifel, ob er in einer Darstellung der Verbrechen und Strafen überhaupt noch die reli-

---

[1]) Denn auch Friedrich strafte natürlich nur, nachdem ein Verbrechen begangen war, oder, wenn man so will: quia peccatum est!

[2]) Z. B. Gotteslästerung, Störung des Gottesdienstes, Fortbleiben vom Abendmahl usw.

[3]) Z. B. im Fall des Fortbleibens vom Abendmahl.

[4]) 3. Mose 24, 16: „Welcher des Herren Namen lästert, der soll des Todes sterben."

[5]) Rep. 49, A. 1, G. i. C. 1775—86: 12. VI. 1779.

giösen Delikte erwähnen sollte; indessen kam er dann doch zu folgendem Ergebnis:

„Übrigens habe ich geglaubt, daß die Verbrechen gegen Gott deßwegen nicht ganz übergangen werden dürfen, weil der Begriff von Gott der Grund aller Religion; die Religion aber, sie sey welche sie wolle, in so ferne sie nicht durch schädlichen Aberglauben gäntzlich verunstaltet ist, eine starke Stütze eines jeden Staates, der Sicherheit seiner Glieder und der Ruhe und Ordnung deßelben ist. Die Geschichte aller Zeiten giebt davon Beweise."

II. Aber nicht nur wegen dieser praktischen Folgen hinsichtlich der Religionsdelikte ist das Vorgehen des Königs gegen die theologischen Einflüsse und den Vergeltungsgedanken bemerkenswert. Die ganze Stellungnahme Friedrichs II. zum Vergeltungsgedanken ist vielmehr besonders deshalb so interessant und historisch beachtenswert, weil uns infolgedessen im 18. Jahrhundert gerade in der praktischen Durchführung kriminalpolitischer Ideen ein Streit vor Augen geführt wird, der gegen die alteingewurzelte Vergeltungsidee von einer moderneren Anschauung geführt wird, von einer Anschauung, die uns in ihrem umfassenden Einfluß auf die Strafrechtspflege zeigt, wie man nach Abschüttelung der alten Ideen zu erkennen beginnt, daß das Verbrechen eine symptomatische Bedeutung im Hinblick auf die Gesinnung des Täters habe [1]) und daß mithin des Kriminalpolitikers Aufgabe unter anderm auch dahin gehen müsse, diese Gesinnung des Täters zu beeinflussen [2]). Freilich darf man die Bestrebungen in dieser Hinsicht noch nicht

[1]) Friedrich spricht von der „moralitaet" der Handlung: Mylius NCC. V, V, Sp. 339. Dies scheint doch direkt hinzuweisen auf die Gesinnung, die zur Handlung trieb!

[2]) Die souveräne Machtvollkommenheit, die Friedrich in allen das Strafrecht betreffenden Fragen zukam, erleichterte ihm naturgemäß den „Kampf". Aber sicher erscheint es doch, daß besonders die niederen Gerichte einen gewissen passiven Widerstand den Bestrebungen des Königs entgegensetzten; dies zeigte sich deutlich z. B. bei der Abschaffung der Folter, wo niedere Gerichte mancherlei Versuche machten, die Anordnungen des Königs zu umgehen, indem sie durch Schlagen den Inquisiten zum Geständnis veranlassen wollten. Vgl. Acta Borussica VI, 2, S. 8 ff.; dazu Mylius NCC. II, Sp. 185/86.

überschätzen; denn noch wird in erster Linie danach getrachtet, durch Abschreckung die antisoziale Gesinnung in andern, in der Allgemeinheit zu bekämpfen. Aber der Gedanke an die Spezialprävention — gerade im Sinne von Abschreckung und Besserung des Täters — gewinnt nun Raum, der Eingang in die Kriminalpolitik ist ihr ermöglicht. Und in welcher Weise Friedrich den allzu übertrieben betonten Abschreckungszweck zugunsten dieser neuen Ideen einschränkte, in welchem Maße er im Gegensatz zu Friedrich Wilhelm I. spezialpräventiven Ideen zur praktischen Durchführung verholfen hat, davon soll im folgenden Abschnitt eingehend die Rede sein.

---

2. Abschnitt.

Die utilitaristischen Strafzwecke, ihre Verwirklichung und ihr Verhältnis zueinander.

Friedrich der Große hat die zur Zeit seines Regierungsantrittes bestehenden Zustände nicht durch eine umfassende Neuregelung umgestaltet, vielmehr hat er sich damit begnügt, durch eine überreiche Zahl einzelner Verordnungen und Verfügungen das Land an die neuen Gedanken zu gewöhnen. Hierbei mag ihn, wie besonders v. Arnim[1]) hervorhebt, der kriminalpolitisch beachtenswerte Gedanke geleitet haben, das Volk auch weiterhin noch in der Furcht vor den harten Strafen der vergangenen Zeit zu belassen, und so wandte er sich nur an die Richter mit der allgemeinen Forderung, „in criminalibus eher zu gelinde als zu scharf“[2]) zu urteilen. Man kann daher nicht in chronologischer Weise die kriminalpolitischen Änderungen verfolgen, sondern muß aus der Fülle des kasuistischen Materials die Grundgedanken herauszuschälen suchen. Um aber die Tragweite der friderizianischen Änderungen in ihrem ganzen Umfange ermessen zu können, sei zunächst untersucht, in welcher Weise Friedrich

[1]) v. Arnim S. 10 ff.

[2]) Mylius NCC. V, IV, Sp. 475: „Neue und verbesserte Instruction für die Ost-Preußische Regierung“ vom 30. VII. 1774.

Wilhelm I. die von ihm anerkannten Nützlichkeitszwecke im einzelnen zur Durchführung brachte.

I. Teil: Friedrich Wilhelm I.

I. Friedrich Wilhelm hat neben den bereits behandelten religiösen Strafzwecken fast ausschließlich den Abschreckungszweck [1]) erreicht wissen wollen, da er der Spezialprävention, wie wir noch sehen werden, eine nur untergeordnete Rolle zuwies. Es würde hier zu weit führen, wollte man alle diejenigen Edikte und Verordnungen anführen, in denen der Abschreckungszweck zum Ausdruck gebracht worden ist; es soll nur dargestellt werden, wie man ihn einerseits durch die Ankündigung von Strafen in neu erlassenen Edikten, andererseits durch den Strafvollzug im einzelnen Falle zu erreichen suchte.

1. Was den ersten Weg betrifft, so finden wir ihn öfters als Weg zur „Besserung" bezeichnet. Indessen, wenn es dann manchmal heißt, daß

> „durch verschiedene heilsahme edicta und Verordnungen dennoch die davon gehoffte Frucht der Besserung nicht überall erhalten worden"

sei, so ist hier selbstverständlich nicht an eine moralische Besserung der Allgemeinheit, sondern lediglich an die generalpräventive Abschreckung gedacht, derzufolge man auf eine Abnahme einzelner Verbrechen der Zahl nach gehofft hatte.

In den einzelnen Edikten, die die Verfolgung des Abschreckungszweckes zum Endziel haben, suchte man nun dieses Ziel durch Ankündigung möglichst harter Strafen herbeizuführen; in diesem Sinne ist z. B. das „Allgemeine Edikt wegen des Kindermords" vom 30. August 1720 bemerkenswert, dem folgende charakteristischen Sätze zu entnehmen sind [2]):

> „Nachdem Wir wahrgenommen, daß die auf .... den Kinder-Mord gesetzte Strafe des Sackens öffters.... nicht erkandt, sondern statt dessen die Strafe des Schwerdts dictiret worden, Wir auch selbst aus Clementz und Huld

---

[1]) Abschreckungszweck im generalpräventiven Sinne!

[2]) Mylius, CC. II, III. Abt., Sp. 121 ff.

zu unterschiedenen Mahlen die Straffe des Sackens in das Schwerdt verwandelt haben, massen Wir geneigt seynd, die Bestraffung Unserer Unterthanen auch in schweren Verbrechen nach Möglichkeit mit Gelindigkeit hand zu haben, wenn nur dadurch der Endzweck erlanget und der Boßheit gesteuret wird. Wann aber leider! die Erfahrung bezeuget, daß dieses Verbrechen allzu gemein wird und viele ausser der Ehe gebohrene ... Kinder ... umbgebracht werden ..., dannenhero Uns oblieget, die Gerechtigkeit desto strenger zu führen und zu versuchen, ob die härtere Bestraffung denen ruchlosen Gemüthern einen Schreck einjagen möge ..."

2. Derselbe Gedanke kehrt in ähnlicher, wenn auch nicht immer derartig ausgeprägter Fassung in vielen anderen Edikten wieder, findet indessen seine hauptsächlichste Verwirklichung nicht in der Strafankündigung, sondern in der Art und Weise, wie die Strafe an dem Delinquenten selbst vollzogen wurde.

a) Der Strafvollzug war ganz darauf zugeschnitten, in den Herzen der Zuschauer einen nachhaltigen Eindruck zurückzulassen, der in allen denen, die verbrecherische Neigungen in sich trugen, als ein wirksames Gegenmotiv wirken sollte. Infolgedessen wurden die Hinrichtungen nicht nur öffentlich vollzogen, sondern auch der Delinquent allerhand unheimlichen Zeremonien unterworfen, die ganz besonders jene Wirkung verstärken sollten. Die Hinrichtungsverschärfungen bei der Todesstrafe, wie z. B. das Schleifen zur Richtstätte oder das Reißen mit glühenden Zangen, und dann die Hinrichtung selbst, in deren Vollzug man das Verbrechen unter Umständen wiederzuspiegeln suchte — alles dies geschah „anderen zum abscheulichen Exempel", und man schien sich der barbarischen Grausamkeit kaum bewußt zu werden, welche diese menschenunwürdigen Hinrichtungen auszeichnete.

Die Gesetze selbst nahmen auf den Abschreckungszweck oft mit ausdrücklichen Worten Bezug, wenn sie spezielle Bestimmungen über das Hinrichtungsverfahren brachten; so heißt es z. B. im Preußischen Landrecht von 1721 [1]):

[1]) Tit. VI, artic. III, § II.

„Wie denn über daß nach vollbrachter Exekution der Cörper andern Übelthätern zum Abscheu und Exempel, damit sie dergleichen schreckliche Mord- und Übelthaten zu begehen durch dies Supplicium gleichsam abgeschröcket und abgehalten, hiervon auch und was diesem Übelthäter begegnet und wiederfahren ein Gedächtniß verbleiben möge, auff ein Rad öffentlich geleget und geflochten und so viel Knittel als er Mordthaten verübet, nebst einem Täffelein, darauff seine Übelthaten geschrieben und verzeichnet, gehangen und angemacht werden sollen."

In einem Staatswesen, wo man bestrebt war, dem Verbrecher schon auf Erden einen Teil jener sehr körperlich gedachten Strafen des Jenseits angedeihen zu lassen, und wo man ferner stets ganz besonders darauf bedacht war, in den Herzen anderer durch das Entsetzliche der Hinrichtung einen möglichst nachhaltigen Schrecken hervorzurufen, weil man fast ausschließlich auf diese Weise eine Abnahme der Verbrechen erzielen zu können glaubte, — in einem solchen Staatswesen müssen die Strafen hart, ja grausam sein, wenn sie diesen beiden Zwecken genügen sollen. So sehen wir auch unter Friedrich Wilhelm im Strafmaß vielfach eine Härte vorherrschen, die in der Tat an manchen Punkten über die an sich schon strengen Strafen der Carolina hinausgeht. Man denke insbesondere daran, wie der König im Falle des Kindesmordes ständig das Sacken verhängen ließ und bei den Diebstahlsdelikten ebenfalls schärfere Strafen einführte, als man zu Zeiten der Carolina für nötig gefunden hatte [1]). Mag es immerhin richtig sein, daß schon unter Friedrich Wilhelm I. die Verstümmelungsstrafen als Einzelstrafen aus der Übung kamen und dadurch ein in manchen Fällen milderer Zug des Strafrechts gegenüber früheren Zeiten sich geltend machte [2]), so darf man doch nicht vergessen, daß die unmenschlichen Strafschärfungen, die vielfach den Hinrichtungen voraufgingen, noch immer beibehalten wurden und häufig zur Anwendung kamen. Gerade im Interesse einer wirksamen Abschreckung hielt man dies alles für durchaus unentbehrlich.

---

[1]) v. Arnim S. 8 u. 9. Kade S. 11.

[2]) Holtze S. 41.

Man braucht dem Könige selbst in Anbetracht dieses grausamen Strafensystems und der von ihm immer wieder angeordneten überaus harten Strafen durchaus nicht die Vorwürfe zu machen, die Holtze[1]) abzuwehren sucht. Friedrich Wilhelm I. war ein Kind seiner Zeit, dessen sehr aufbrausende, impulsive Natur vielfach zur Verhängung von Strafen führte, die er wohl nicht verordnet hätte, wenn er wie Friedrich der Große kriminalpolitischen Problemen wirklich tief nachgedacht hätte; er handelte dagegen viel zu sehr nach seinem Gefühl, ließ sich vor allem von seinen durchaus ehrlich und tief empfundenen religiösen Ideen leiten und legte bekanntermaßen auf wissenschaftliches Behandeln eines in der Praxis durchzuführenden Verfahrens nicht den geringsten Wert. Ob es dem Kriminalkolleg möglich gewesen wäre, einen Einfluß auf den König auszuüben, bleibe dahingestellt. Einmal ist indessen zu beachten, daß die in dieser Behörde befindlichen Männer ebensosehr vom Geiste der Zeit abhängig waren, wie der König selbst. Andererseits ist es immerhin menschlich erklärlich, wenn das Kriminalkolleg gegenüber diesem aufbrausenden und keinerlei Widerspruch duldenden König in seinen Erkenntnissen, die doch richterlicher Willkür nach damaligem Rechte noch weitesten Spielraum ließen, sich bemühte, schon im voraus den wahrscheinlichen Intentionen des Königs gerecht zu werden, zumal die Strafgewalt des Staates damals weniger vom Standpunkte des Rechts aus als in polizeilicher Weise geübt wurde. Auch hat das Kriminalkolleg, aufgefordert zu der Erstattung eines Gutachtens, durchaus nicht mit seiner offenen Meinung zurückgehalten; bezeichnend ist folgender Vorgang:

Im Jahre 1734 bat Gerbett[2]) den König, er möge doch Taschendiebstahl und Einbruchsdiebstahl hinsichtlich der Bestrafung auf eine Stufe stellen und für beide Delikte die Todesstrafe anordnen. Diese Eingabe[3]) machte einem Gerbett alle Ehre, aber der König schien doch das Ungeheuerliche empfunden

[1]) Holtze S. 40 ff.

[2]) Über dessen unrühmliche Tätigkeit: Holtze S. 34 ff. u. 54 ff.

[3]) Rep. 49, A. 1, G. i. C. 1732—44.

zu haben; denn er verlangte zunächst vom Kriminalkolleg [1]) ein Gutachten. In diesem Gutachten macht sich zunächst eine gewisse Abneigung gegen Gerbett bemerkbar, dann aber geht daraus auch die Tatsache hervor, daß das Kolleg — wenigstens in diesem Falle — den König an kriminalpolitischer Einsicht durchaus übertraf, da es Anschauungen zum Ausdruck brachte, die uns der in ihnen enthaltenen Humanität wegen — soweit dies bei dem geltenden Rechte möglich war — verwundern dürfen. Hervorzuheben sind besonders folgende Worte:

> „Dieweilen aber jedennoch bei Sancirung derer Poenal-Gesetze der Endzweck zum Augenmerk zu haben; Ut videlicet cives mali emendentur et Securitas Rei publicae salva maneat, und die letztere, woferne, w o f e r n e das erstere erhalten werden kann, sich von selbsten ergiebet [2]). Wannenhero dann die Lebensstraffe nicht anders als daferne die Emendatio nicht zu hoffen, auf die delicta zu konstituieren. Nechstdem auch proportio inter delictum et poenam wohl in Obacht zu nehmen; Nun aber dem Ausziehen der Uhren, Tabaquièren und des Geldes, oder der Beutelschneiderey durch andere nachdrückl: und empfindliche Leibes-Straffe wohl einhalt geschehen kann..." —

aus diesen Gründen bat das Kolleg, von der allgemeinen Anordnung der Todesstrafe im Falle von Taschendiebstahl abzusehen und nur in ganz besonders schweren Fällen die geschärften Diebstahlsstrafen Platz greifen zu lassen. Ich möchte auf Grund solchen Materials [3]) doch geneigt sein, das überaus harte Urteil, das H o l t z e [4]) über das Kolleg spricht, wenigstens einzu-

---

[1]) Es unterzeichneten: v. Culian, Krug von Nidda, Weitzel, Bär, Bordelius, Gause und Ockel.

[2]) Die Hervorhebung der Spezialprävention ist hier durch den konkreten Fall bedingt: es sollte einer Strafschärfung vorgebeugt werden, also war ein Hinweis auf die Generalprävention, die ebensogut als „Endzweck" hätte bezeichnet werden können, nicht geboten. Interessant ist aber überhaupt das Eintreten für die Spezialprävention!

[3]) Sehr bemerkenswert ist auch das Verhalten beim Selbstmordproblem unten S. 24 ff.

[4]) H o l t z e S. 44/45: „Das Criminal-Colleg unter Friedrich Wilhelm I. ist gewiß die elendeste höhere Justizbehörde gewesen, die in Brandenburg-Preußen jemals bestanden hat."

schränken, wenn auch ohne weiteres zuzugeben ist, daß sich hier bisweilen Männer fanden, die (wie Gerbett) dieser preußischen Behörde in Ruf und Ansehen schadeten.

b) Die konsequente Verfolgung des Abschreckungszweckes führte unter Friedrich Wilhelm I. zu allerhand eigenartigen Übertreibungen und Auswüchsen, die deshalb besondere Beachtung verdienen, weil Friedrich der Große gegen sie Front gemacht und sie meist nicht lange nach seinem Regierungsbeginn beseitigt hat.

Die Exekutionsvornahme an verstorbenen Verbrechern und die Fortsetzung der Exekution an den Leichnamen der Hingerichteten lassen sich nur aus dem Gesichtspunkte erklären, daß man abschreckend auf die Zuschauer einwirken wollte. War dies immerhin noch eine weniger inhumane Verfolgung des Abschreckungszweckes, die bisweilen sogar noch unter Friedrich dem Großen vorkam, so ist es sehr bemerkenswert, daß unter Friedrich Wilhelm I. mitunter die Anwesenheit bestimmter Personen bei einer Hinrichtung verfügt wurde, offenbar auch nur aus dem Grunde, diese Personen, denen man wohl in besonderem Maße verbrecherische Neigungen zutraute, durch die grausame Hinrichtung aufs eindrücklichste zu verwarnen. Holtze berichtet z. B. [1]), daß die Ehefrauen der Schloßdiebe Runck und Stief dazu verurteilt worden seien, der Räderung ihrer Ehemänner zuzusehen, — in der Tat eine grausame Durchführung des Abschreckungsgedankens, die wohl mehr dazu geeignet gewesen sein dürfte, Haß und Groll gegen die Staatsgewalt und ihre Träger zu schüren als von verbrecherischen Handlungen zurückzuschrecken.

Ebenso wie in derartigen Fällen die Strafe nicht nur den Täter, sondern auch andere, mit dem Verbrecher selbst in keinerlei Zusammenhang stehende Personen betraf, so wurden nach dem Strafensystem Friedrich Wilhelms I. die Angehörigen von Selbstmördern in ganz besonders peinlicher Weise von den Strafen berührt, die der König — wie dies allerdings auch in andern Ländern der Fall war — auf die Verübung des Selbstmordes

---

[1]) Holtze S. 37; Kade S. 24, Anm. 3.

gesetzt hatte. Dieses Problem von der Bestrafung des Selbstmordes verdient in der vorliegenden Darstellung eine um so eingehendere Betrachtung, da die Praxis schon unter Friedrich Wilhelm I. zu ihm in sehr interessanter Weise Stellung nahm und sich mit recht bedeutsamen Vorschlägen hinsichtlich der Lösung dieser Frage an den König wandte.

Es ist nicht verwunderlich, daß man in der Zeit, wo moraltheologische Einflüsse das Strafrecht beherrschten, den Selbstmord als eine Sünde auffaßte, die, weil durch sie „die Seele schändlich verderbet" [1]) wird, durch ganz besonders wirksame Mittel verhütet werden müßte; und da man, wenn es galt, Verbrechen zu verhindern, am liebsten zu einem möglichst eindrucksvollen Abschreckungsmittel griff, so kam man dazu, an den Leichen der Selbstmörder Exekutionen vorzunehmen, die durch das Unehrenhafte ihrer Ausführung und Bedeutung einen möglichst großen Abscheu vor dem Selbstmord hervorrufen sollten. Man dachte weder daran, daß der Selbstmörder bei Begehung der Tat in einem krankhaften Zustande der Erregung handelt, noch daran, daß die Strafe das Leid der gänzlich unschuldigen Hinterbliebenen noch beträchtlich vermehren half. Alle diese Gesichtspunkte galten als nichts gegenüber dem zu erreichenden Zwecke, und da es ja Friedrich Wilhelm ganz besonders ernst mit jenen religiösen Verbrechen meinte, so ist es selbstverständlich, daß er an den bestehenden Einrichtungen nichts änderte, sondern vielmehr mit den entehrendsten Strafen gegen dieses „abominable-schändlichste Laster" [2]) vorging. Zu einer ausführlicheren Besprechung des ganzen Problems kam es aber doch im Jahre 1729 [3]) aus Anlaß eines Unglücksfalles, bei dem ein Schiffer an der Gertraudtenbrücke zu Berlin ins Wasser stürzte und ertrank. Das ärztliche Gutachten stellte fest, daß es sich um einen Selbstmord nicht handeln könne, sondern daß man aus untrüglichen Zeichen auf einen Unglücksfall schließen dürfe. Wie unsicher sich das Kriminalkolleg in seinen Ent-

---

[1]) v. Liszt, Lehrbuch S. 155, Anm. 7; Kade S. 15.

[2]) Mylius, CC. II, III. Abt., Sp. 157 ff.

[3]) Dies und die folgenden Angaben über die Bestrafung des Selbstmordes aus Rep. 49, A. 1, G. i. C. 1618—1732.

scheidungen dem Könige gegenüber fühlte, geht daraus hervor, daß auch hier der Befehl des Königs eingeholt wurde, ob der Leichnam ehrlich begraben werden dürfte oder nicht. Lakonisch lautete das Marginal, mit welchem die Eingabe zurückging:

„er ist durch Unglück ver soff also soll er begrab(en) werd(en) aber alle gewaldt sahme Mort soll der Büttell offentl: weg hohl(en)".

Auf Grund dieses Bescheides machte v. Viebahn seinen Amtskollegen den Vorschlag, doch dahin vorstellig zu werden, ob man nicht diejenigen Leute ebenfalls zu den durch Unglück umgekommenen rechnen dürfe,

„welche rasend oder in solche hitzige Krankheit oder in dergleiche hefftige Schwermuth gefallen, daß Sie ihres Verstandes nicht mehr Meister sind."

Und was kriminalpolitisch von besonderem Werte ist: v. Viebahn machte seine Kollegen darauf aufmerksam, daß durch die infamierende Begrabung

„nicht sowohl die Todten alß ihre nachgebliebenen Angehörigen bestraft werden".

Alle waren damit einverstanden und zeigten damit, daß sie in diesem Punkte bereits viel fortschrittlicher waren als der König. Man entschloß sich zu kollegialischem Vorgehen und wurde in diesem Sinne beim König vorstellig. Aber Friedrich Wilhelm I. wollte von einer solchen Unterscheidung nichts wissen:

„einer wie der andere Büttell begrab W"

— das war der bündige Bescheid, der alle auf dem Gebiete des Selbstmordproblems ansetzenden Reformideen im Keime erstickte. So wurde in das Edikt vom 21. Januar 1731 [1]) auch nicht jene Unterscheidung von willkürlichem und in Schwermut verübtem Selbstmord aufgenommen, ja, es ist nicht ganz ausgeschlossen, daß der König in Erinnerung an jene Eingabe anordnen ließ, daß

„sowohl ein jeder Christ- und Ehr-liebender Mensch dieses abominable-schändlichste Laster detestieren, als auch ein Jeder so viel mehr Acht auf die Seinigen und Angehörigen

---

[1]) Mylius, CC. II, III. Abt., Sp. 157 ff.

zu aller Zeit haben und dergleichen grausame Sünde und Schande zu verhüten sich angelegen seyn lassen möge."

II. Die vorstehenden Erörterungen dürften gezeigt haben, daß es für Friedrich Wilhelm I., soweit er an die Erstrebung von Nützlichkeitszwecken überhaupt dachte, in der Hauptsache darauf ankam, andere als den Täter durch die Bestrafung nach Möglichkeit abzuschrecken. Die Person des Täters wurde demgemäß zurückgestellt und eine Beeinflussung seiner Gesinnung in irgendwie bedeutender Weise nicht als Aufgabe der Strafgerichtsbarkeit angesehen; in bestimmten Fällen aber überließ man es der Geistlichkeit, außerhalb der Strafrechtspflege als solchen einen bessernden Einfluß auf den Delinquenten auszuüben, und als Mittel zu diesem Zweck bediente man sich unter Friedrich Wilhelm I. der sogenannten Kirchenbuße. Diese bestand in einem öffentlichen Sündenbekenntnis und Besserungsversprechen vor versammelter Gemeinde, wobei der Büßer in vorgeschriebener Liturgie auf bestimmte Fragen des Geistlichen zu antworten hatte. Hervorgehoben aber sei hier, daß es nicht richtig ist, wenn häufig die Ansicht vertreten wird, die Kirchenbuße sei eine „Strafe" gewesen, und zwar als Ehrenstrafe dem Halseisen, dem Pranger oder der Degenentziehung gleichgeachtet worden [1]). Es widerspricht diese Anschauung durchaus den Bestrebungen und Ansichten eines Friedrich Wilhelm, der ein kirchliches, religiöses Bußmittel nie als kriminelle Strafe verwendet hätte und sich auch ausdrücklich gegen die Gleichstellung der Kirchenbuße mit entehrenden Kriminalstrafen gewandt hat.

Einer Anregung des Berliner Konsistoriums [2]) ist es zuzuschreiben, daß die Kirchenbuße eine ziemlich hohe Bedeutung erlangen konnte; denn das Konsistorium setzte durch, daß die Kirchenbuße nicht nur bei Ehebruch und Hurerei, sondern auch bei

„Schändung des Sabbats, Gotteslästerung, Mißbrauch des allerheiligsten Nahmens Gottes, Diebstahl, Freßerey und Saufferey, Ungehorsam gegen die Oberen und Eltern"

---

[1]) So z. B. Kade S. 20.

[2]) Rep. 49, A. 1, G. i. C. 1618—1732.

zur Anwendung kommen müsse. Daß aber ein solches Bußmittel ein vollständiger Mißgriff war, ist leicht einzusehen. Man machte wiederum den Fehler, eine Einrichtung, die für die christliche Kulturperiode zu Beginn unserer Zeitrechnung zweckmäßig war, ohne Prüfung ihrer Verwendbarkeit auf eine neue Zeit zu übertragen, ja, der König ordnete in einem Erlaß vom 11. Februar 1716 [1]) die Kirchenbuße gerade deswegen an, weil

> „es den Gebräuchen der alten Christlichen Kirche conform [2]) ist, daß die durch dergleichen Laster öffentlich gegebene Ärgerniß"

auch öffentlich abgestellt und

> „die geärgerte Gemeine durch eine öffentliche Kirchenbuße wieder erbauet werde".

Man gab sich in den Kreisen der Geistlichkeit redliche Mühe [3]), die Kirchenbuße zu einem wirklichen Besserungsmittel zu gestalten; aber es war nicht möglich, dieses Ziel zu erreichen. Man bemühte sich, der Kirchenbuße den Charakter der Strafe auch in den Augen des Volkes zu nehmen und wies die Prediger [4]) an, das Volk, in welchem

> „viele in dem Wahn stehen, daß es eine Art von Straffen und dabey eine Beschimpfung des gefallenen sey",

über das Wesen der Kirchenbuße aus der Bibel aufzuklären; aber wenn auch der König selbst sowohl wie die Geistlichkeit in der Kirchenbuße keine Strafe sahen, so war es doch nicht möglich, diese Anschauung auch dem Volke einzuimpfen. Hier sah man nur die Erniedrigung des Täters, der in langer Liturgie zu Sündenbekenntnis und Besserungsversprechen gezwungen ward, und die Folge davon war, daß der erhoffte Zweck nicht im

---

[1]) Rep. 49, A. 1, G. i. C. 1618—1732.

[2]) Die für die altchristliche Ausgestaltung der Kirchenbuße maßgebenden Bibelstellen sind: Johannes 20, 22—23; Matthäus 18, 18; Jakobus 5, 16; Titus 1, 7 ff.; Apostelgesch. 19, 18; 2. Thessalon. 3, 6. 14; 1. Tim. 1, 20. Über die altchristliche Kirchenbuße ausführlich Hergenröther S. 253 ff.; v. Bar S. 71—73

[3]) Dies erhellt aus einer Eingabe vom 5. III. 1716, in der das Konsistorium Vorschläge macht, damit „die gefallenen nicht weiter irre gemachet oder erbittert und dadurch am guten gehindert werden". (Rep. 49, A. 1, G. i. C. 1618—1732.)

[4]) Vgl. Anm. 1.

mindesten erreicht wurde und die Kirchenbuße als Kampfmittel gegen verbrecherische Neigung versagte.

Diesem Umstande trug Friedrich der Große wohl insbesondere Rechnung, als er am 20. Juni 1746 [1]) die Kirchenbuße abschaffte und dies damit begründete, daß

> „die Gemüther... dadurch mehr verbittert als gebessert, und nur zu scandale und wohl noch übleren Suiten Gelegenheit gegeben“

werde. Indessen versprach auch er sich von einem geistlichen Einflusse einige Besserung und befahl den Predigern, sich „gantz in der Stille und ohne den geringsten Bruit davon zu machen“, die gefallenen Personen kommen zu lassen und sie mit sanften Worten zu einem besseren Leben zu ermahnen.

II. Teil: Friedrich der Große.

A. Die Generalprävention.

Friedrich Wilhelm I. hatte erwartet, daß seine kriminalpolitischen Bestrebungen im allgemeinen von Friedrich dem Großen weiter verfolgt werden würden; denn er schrieb in seinem politischen Testamente [2]):

> „was das Kriminahll gericht ist, müßet Ihr sie scharf einbinden das wen(n) einer Bluht vergißet es wieder vergoßen werden und das Kein bluht auf dem lande bleibe den(n) die götl. straffen vom lande nicht wegbleiben.“

Daß dementgegen Friedrich II. von vornherein den Plan hatte, gerade in der Kriminalpolitik andere Bahnen zu gehen, das hat wohl bereits der vorige Abschnitt erwiesen; hier fragt es sich nunmehr, in welcher Weise er im einzelnen seine kriminalpolitischen Ideen zur Durchführung brachte.

I. Unter dem Zeichen ausschließlicher Generalprävention stand unter Friedrich dem Großen der Strafvollzug bei den todeswürdigen Verbrechen. Die Hinrichtung sollte nach wie vor den nachhaltigsten Eindruck auf die Herzen der zusehenden Menschen ausüben; daher stand auch Friedrich unbedingt auf

---

[1]) Mylius NCC. III, Sp. 1245.

[2]) Küntzel I, S. 84.

dem Standpunkt, daß die Hinrichtung öffentlich zu erfolgen habe. Ja, in gewichtigen Fällen wurde — unbeschadet der Humanität des Königs — die Verhängung der Todesstrafe ewiger Zuchthaus- oder Festungsstrafe vorgezogen, um einen größeren Eindruck hervorzurufen. Inwieweit beim Könige aber gerade auch zu diesem Vorgehen humane Gedanken beitrugen, zeigt ein Brief an Condorcet aus dem Jahre 1785 [1]), in dem Friedrich schreibt:

„Les assassins et les incendiaires méritent la peine de mort, parce qu'ils se sont attribué un pouvoir tyrannique sur la vie et sur les possessions des hommes. Je conviens qu'une prison perpétuelle est en effet une punition plus cruelle que la mort [2]), mais elle n'est pas si frappante que celle qui se fait aux yeux de la multitude parce que de pareils spectacles font plus d'impression que des propos passagers."

In geschickter Weise wußte der König nun die Durchführung der Humanitätsanforderungen mit der des Abschreckungszweckes zu vereinigen, und zeigte, daß die Notwendigkeit, mittels der öffentlichen Hinrichtungen auf die Zuschauer abschreckend einzuwirken, durchaus nicht eine humane Vollziehung der Todesstrafe ausschloß. Obwohl daher Friedrich an dem äußerlichen Charakter der Exekutionen möglichst alles beim alten ließ, so fielen in Wahrheit doch alle unnützen Quälereien des Delinquenten fort; denn die Scharfrichter erhielten die geheime Instruktion, die Delinquenten heimlich zu erdrosseln, wenn auf Rädern oder Verbrennen erkannt werden mußte, damit ihnen die unnötigen Qualen erspart blieben [3]). Der Befehl hierzu erging in der Kabinettsordre vom 11. Dezember 1749 [4]), deren Wortlaut hier wiedergegeben sein möge:

„Da bei vorkommenden Criminalfällen, in welchen dem Delinquenten durch das über ihn zu sprechende Urteil die

[1]) Oeuvres XXV, S. 420, dazu Willenbücher S. 23.

[2]) Zu vgl. die Darstellung der Zuchthausverhältnisse usw. unten S. 46 ff.

[3]) In Österreich befestigte man am Halse des zum Feuertode Verurteilten einen Pulversack.

[4]) Acta Bor. VIII, S. 620: K. O. an v. Bismarck.

Strafe des Rades zuerkannt werden muß, die eigentliche Absicht darunter dahin gehet, daß nicht sowohl der Delinquente gemartert werden, als daß vielmehr an ihm ein affreuses Exempel, andern zum Abscheu geschehen soll, so habe Ich resolvieret, daß von nun an und künftighin es darunter dergestalt gehalten werden soll, daß, wenn einem Delinquenten die Strafe des Rades, es sei nun solches von oben herunter oder von unten herauf, ... zuerkannt werden muß, alsdann es bei der Exekution jedesmal dergestalt gehalten werden muß, daß nämlich der Delinquente vor dem Rädern, jedoch ohnvermerkt und ohne daß es die herumstehende Zuschauer sonderlich gewahr werden können, vorher erdrosselt [1]) werden und alsdann die Exekution mit dem Rade geschehen soll, es wäre denn das Verbrechen des Delinquenten von solcher Enormité, daß die besonderen Umstände ein ganz abscheuliches Exempel erforderten, so daß dem Delinquenten die Strafe, lebendig gerädert zu werden, besonders zuerkannt werden müßte."

Wie man aber andererseits besorgt war, den Hinrichtungen auch ja ihren abschreckenden Charakter zu erhalten, sie dem Volke als etwas Furchtbares, Entsetzliches vorzuführen, das geht daraus hervor, daß man alles, was diesen Eindruck verhindern könnte, zu beseitigen suchte. Veranlassung gab dazu beispielsweise im Jahre 1768 die Sitte, daß die Geistlichen die zum Tode verurteilten Delinquenten zur Richtstätte begleiteten. Diese Sitte wurde nach einem Berichte der Preußischen Regierung [2]) von der Geistlichkeit oft in starkem Maße übertrieben. Ganze Scharen von Schülern, Kandidaten der Theologie und Geistlichen sollen den Delinquent unter lautem Gesang und Gebet zur Richtstätte geführt und nach dergleichen Zeremonien dem Scharfrichter übergeben haben. Hierdurch, glaubte die Preußische Regierung, würde der Abschreckungszweck der Strafe vereitelt,

---

[1]) Holtze (S. 41/42) nennt es wahrscheinlich, daß man unter Friedrich Wilhelm I. ebenso verfuhr. M. E. widerspricht dem die eigenartige Ausprägung des Vergeltungsgedankens, auch hätte Friedrich II. dann nicht mehr besondere Schritte zu tun brauchen.

[2]) Rep. 49, A. 1, G. i. C. 1760—74.

indem „viele Gemüther des schlecht unterrichteten Pöbels" zu der Ansicht kommen müßten,

„der abgethane Delinquent sey ohnfehlbar seelig gestorben, und es sei dieses der sicherste Weg, um gleichfalls seelig zu sterben."

Man kam also zu der Ansicht, daß dieses feierliche Geleite der Verbrecher durch die Geistlichkeit zur Vermehrung der todeswürdigen Verbrechen beitragen und die Menge, statt sie abzuschrecken, zu Untaten verleiten müsse. Das Königsberger Stadtgericht pflichtete dem zwar nicht bei, aber das dortige Kriminalkolleg stellte sich auf den Standpunkt der Regierung, und diese reichte dem Könige eine dahin gehende Eingabe ein, damit

„der hauptsächliche Endzweck der Todes-Strafen nicht verfehlet und der Todt des Mißethäters in den Augen des Publici so schreckhaft werde als möglich ist."

Der König ließ sich von diesem Berichte überzeugen und der Preußischen Regierung folgende Antwort zuteil werden [1]:

„Friederich, König etc; Unsern etc; Da die allgemeine Wohlfahrt des Landes erfordert, daß die Anzahl der Verbrechen so viel möglich vermindert werde, So gereichet Uns Euer, aus dem Bericht vom 9. Maj. a. pr. ersichtlich gewesenes Bestreben, diesen heilsamen Endzweck zu befördern, zum gnädigsten Wohlgefallen. Wir haben über diese Materie eine General-Verordnung unterm 3ten dieses Monaths zu erlaßen gut gefunden, und laßen Euch davon die Abschrifft, benebst Anschließung des eingesandten Fasciculi actorum hierneben zufertigen. Sind etc. Berlin, den 7ten Julii 1769

ad mandatum Münchhausen."

1. Eine Einbuße litt der Strafvollzug bei der Todesstrafe in generalpräventiver Hinsicht aber insofern, als unter Friedrich dem Großen alle vor der Hinrichtung vorzunehmenden Strafschärfungen, die unter Friedrich Wilhelm gang und gäbe waren, in Fortfall kamen. Im Interesse der Humanität und in der an Montesquieu anschließenden richtigen Erkenntnis, daß

---

[1]) Rep. 49, A. 1, G. i. C. 1760—74.

durch ein derartiges Schauspiel das Volk nur verrohen könnte, wurde der Vollzug der Strafschärfungen auch dann unterlassen, wenn die Gesetze ihn ausdrücklich anordneten. Dieses Vorgehen führte daher zu einer Diskrepanz zwischen Gesetzesrecht und Praxis; denn nicht nur der König milderte in den Urteilsbestätigungen die gesetzesmäßig erkannten Strafen [1]), wozu er ja ein unumschränktes Recht hatte; sondern auch die Praxis richtete im Hinblick auf die mit Sicherheit zu erwartende Änderung des Urteils dieses schon daraufhin ein, und der König rügte das nicht, obwohl er ja sonst, wie wir sahen [2]), von den Gerichten strenge Befolgung der Gesetze verlangte. Die Strafschärfungen waren somit in praxi aus der preußischen Strafskala verschwunden. Die Bestätigung hierfür können wir einem Briefe des schon genannten Juristen Kessler [3]) entnehmen, der lange Zeit in der Praxis gestanden hatte und am 30. April 1779 an Fürst einen tabellarischen Auszug der hauptsächlichsten Strafen und Delikte einsandte, wobei er u. a. bemerkte:

„Ich war zwar anfänglich zweifelhaft, ob ich diversitatem poenarum ratione sexus bey einigen delictis; ingleichen die so oft vorkommende Schärfungen durch Schleiffen, Zangenreißen, Handabhauen etc. mit anführen sollte; Ich habe mich aber nicht getrauet, solche wegzulaßen, wo die Gesetze sie ausdrücklich enthielten. Indeßen ist würklich unsere Praxis mit den Gesetzen darunter nicht übereinstimmend. In den 23 Jahren, die ich bey dem Collegio bin, haben wir, weil es zu barbarisch schien, fast niemahls auf dergleichen exasperationes erkannt; vielmehr wenn Provincial-Collegia und Regierungen darauf erkannt hatten, reformatorie angetragen. Und ein paar Mahl, wo wir propter eximiam atrocitatem facinoris einmahl auf Zangenkniffe, und das andere Mahl auf das Schleiffen zur Richtstätte antrugen, wurde solches meines Erinnerns bey Hofe nicht einmahl approbiert."

---

[1]) Indem er die Strafschärfungen (Schleifen zur Richtstätte usw.) strich.

[2]) Oben S. 6.

[3]) Rep. 49, A. 1, G. i. C. 1775—86.

Da unter Friedrich Wilhelm I. diese Strafschärfungen ja vielfach gerade aus religiös-transzendenten Motiven vorgenommen wurden, so entfiel unter Friedrich dem Großen von selbst der wichtigste Faktor, der sie als geboten hätte erscheinen lassen, und die durch sie etwa zu erreichende Abschreckung konnte die nach Friedrichs Ansicht mittelbar bewirkten ungünstigen Folgen nicht aufwiegen.

2. Aber nicht nur dadurch, daß man dem nachdrücklichsten Abschreckungsmittel — der Hinrichtung — durch Beseitigung der grausamen Strafschärfungen einen guten Teil seiner Furchtbarkeit nahm, tat man der Generalprävention Abbruch, — wichtiger ist, daß die Zahl der todeswürdigen Verbrechen überhaupt bedeutend eingeschränkt wurde, so daß dieses am wirksamsten generalpräventiv wirkende Mittel nur noch verhältnismäßig selten zur Anwendung gebracht wurde. Die Zahl der Hinrichtungen sank ganz bedeutend; nach den Kriegen wurden jährlich nur noch ungefähr 14 oder 15 Todesurteile vollstreckt [1]). Gründe gab es für diese Einschränkung der Hinrichtungen zahlreiche, und die meisten liegen, wenn man an die Lehren der Aufklärungsphilosophen denkt, auf der Hand. Aber einer, der sich in einer Kabinettsordre vom 18. August 1746 [2]) ausgesprochen findet, verdient hervorgehoben zu werden. Friedrich erkannte, daß die Bestrafung gewisser Verbrechen, bei denen wir heutzutage die Öffentlichkeit in den Verhandlungen ausschließen würden, besser nicht unter Entfaltung des ganzen Schreckensapparates der Hinrichtung vollzogen würde, da besonders junge Gemüter hiervon mehr Schaden als Nutzen davontragen würden. So schreibt er in jener Kabinettsordre, durch die er die Todesstrafe bei Sodomie abschafft:

> „Es ist nicht zu leugnen, daß durch die publique und affreuse Todesbestrafung dergleichen Inquisiten viele junge und ohnschuldige Gemüther, welche natürlicher Weise die Ursache einer so affreusen Exekution wissen wollen, dadurch, zumal wenn sie in gleicher Ignorance von Sentiments

[1]) Mendelssohn-Bartholdy S. 458/59.

[2]) Acta Bor. VII, S. 134.

(wie der Verbrecher) sind, mehr scandalisieret als gebessert und wohl gar böse Neigungen in ihnen erreizet werden, davon sie vorher keine Empfindung gehabt."

Da dazumal noch der Lehrer mit seinen Schülern zur Hinrichtung gezogen sein soll, so kann man diese Gründe Friedrichs nur billigen und anerkennen.

So wurden also die öffentlichen Hinrichtungen unter Friedrich dem Großen seltener und sollten demgemäß als etwas ganz besonders Schlimmes dem Volke erscheinen; denn Friedrich schien der Ansicht zu sein, daß die Hinrichtung, sparsam angewandt, noch eindrucksvoller sei, als wenn man besonders moralisch minderwertige Leute durch allzu häufige Anwendung dieses Schauspiels an die Exekutionen gewöhnte.

II. In den meisten Fällen wurde demgemäß die Abschreckung nicht in den direkten Anblick der Vollstreckung, sondern in die Vorstellung der Bürger [1]) verlegt; man griff in erster Linie zu den Mitteln, die man früher für weniger wirkungsvoll hielt, da sie nicht so unmittelbar auf die Sinne wirkten.

1. Die Generalprävention sollte demgemäß, wie wir es auch schon bei Friedrich Wilhelm gesehen hatten, durch die Ankündigung der Strafen und durch die Mitteilung des Vollzuges im Einzelfall erreicht werden.

Neue Edikte strafrechtlichen Inhaltes wurden dem Volke daher eine gewisse Zeitlang von der Kanzel herab bekanntgegeben. Auch die Presse zog Friedrich zur Hilfe heran; denn in den „Berlinischen Nachrichten von Staats- und gelehrten Sachen" aus damaliger Zeit findet man bisweilen Nachrichten aus der Strafrechtspflege, die auf ausdrücklichen Befehl des Königs aufgenommen werden mußten [2]). Seit 1769 ordnete dann Friedrich im Interesse der Generalprävention an, daß auf Warnungstafeln [3]) die vollzogenen Strafen dem Publikum mit-

---

[1]) Ganz nach Montesquieus Vorgang.

[2]) Rep. 49, R 23. 25: Berl. Nachrichten von Staats- und gelehrten Sachen vom 13. Februar 1748, Nr. XIX, desgl. Ausgabe vom 20. Februar. Es handelt sich um den Prozeß gegen den Generalmajor v. Wallrave wegen Unterschlagungen.

[3]) Rep. 49, A 1, G. i. C. 1760—74: 14. Febr. 1770 an den ersten Senat des Kammergerichts (Konzept): „Friedrich etc. Da in Erwägung gezogen worden,

geteilt würden, um auch bei Freiheitsstrafen noch durch den Vollzug abschrecken zu können. Ganz besonders sollten diese Warnungstafeln aber in den Zucht- und Arbeitshäusern angebracht werden, damit den dort versammelten Arbeitsscheuen und ähnlichen Delinquenten ein heilsamer Schreck eingejagt würde.

2. Da der König also die Abschreckung hauptsächlich in die Vorstellung verlegt hatte, sah er sich nun in einer Reihe von Fällen genötigt, Strafen anzudrohen, die im Verhältnis zur früheren Zeit zwar immer noch milde genannt werden können, uns aber doch in einigen Fällen einer auffallenden Härte wegen wundernehmen müssen. Gleichzeitig beweisen diese Fälle aber auch, daß unter Friedrich dem Großen der der Allgemeinheit gegenüber zu verfolgende Abschreckungszweck, also die Generalprävention, im Vordergrunde der kriminalpolitischen Bestrebungen stand und unter den Nützlichkeitszwecken die erste Stelle einnahm; denn bei den Verbrechen, in denen eine antisoziale Gesinnung besonders markant hervortritt, wurde der Täter vielfach lediglich Unschädlichmachungsstrafen — insbesondere lebenslänglicher Freiheitsstrafe — unterworfen, und zwar weniger unter dem ausgesprochenen Zwecke spezialpräventiver Sicherung [1]) als vielmehr in erster Linie unter dem Gesichtspunkte der Generalprävention: Die Abschreckung anderer ist der immer und immer wieder betonte Zweck, den man mit der Strafe zu erreichen hoffte.

Zu den Rechtsgütern, dic Friedrich der Große in dieser Weise

daß es von sehr guten Nutzen seyn dürfte, wenn die verordnete Warnungsanzeigen an das Publicum über die vollzogene Strafen ohne Unterschied in dem hiesigen Arbeitshause in dem Saale wo die aufgegriffenen Leute zur Arbeit oder sonst zusammen kommen und wenn selbige in Todes- oder Vestungs-Strafen bestehen, auch in denen Zuchthäusern an dem Orte, wo die Züchtlinge sich versamlen angeschlagen werden, So habt Ihr Euch hiernach.... zu achten....".

[1]) Daß dieser Gesichtspunkt immerhin schon Beachtung fand, wird unten erörtert werden. Vgl. S. 51 ff.

besonders schützen zu müssen glaubte, gehörte zunächst die öffentliche Sicherheit des Publikums. Hier verlangte Friedrich strengste Bestrafung und wies eine von den Gerichten zeitweise geübte Milde in der Bestrafung energisch zurück. Demgemäß heißt es in einer Kabinettsordre vom 9. März 1786 an v. d. Reck [1]):

„Sie (die Richter) sind wohl nicht gescheit, dergleichen Urteil zu sprechen... Was soll daraus werden, wenn man mit solchen groben Verbrechern und Mördern so glimpflich verfahren will: Nein! da gehört durchaus sich eine härtere Strafe, die auf das Volk Eindruck macht."

Und von diesem Standpunkt aus erklärte der König im Jahre 1753 sogar einen Raubmörder in Acht und Verfestung [2]) und erlaubte,

„daß er, wo er sich betreffen läßt, ohne alle Strafe entleibt und vom Leben zum Tode gebracht werden könne" [3]).

Aber auch bei verhältnismäßig ganz geringen Delikten finden sich Strafandrohungen, die sich nur aus der Sorge um die öffentliche Sicherheit erklären lassen. So sollte nach einer Verordnung vom 6. Januar 1764 [4]) derjenige, der eine öffentliche Laterne in Berlin beschädigte [5]), mit Zahlung von 200 Rthlr. bestraft, und im Nichtbeitreibungsfalle sollte gegen ihn

„ohne alle Gnade mit scharfen Staupenschlägen und Brand-Marck auf der Stirn verfahren und er dazu des Landes verwiesen werden" [6]).

---

[1]) Publikationen aus den Kgl. Staatsarchiven Bd. XI, S. 641.

[2]) Willenbücher S. 36.

[3]) Nicht weniger charakteristisch für des Königs Standpunkt ist folgende Verordnung (Mylius NCC. VIII, Sp. 53): „S. K. M. haben bisher mißfällig wahrgenommen, daß bei denen Criminal-Prozessen von denen Gerichten nicht scharf genung erkannt wird, besonders in Fällen, wo es auf eines Menschen Leben oder Tod, und auch auf die Sicherheit des Publikums auf den öffentlichen Land- und Heerstraßen ankommt. Beyde Fälle erfordern mehrere Aufmerksamkeit von Seiten der Gerichte, und es muß gegen die Verbrecher mit mehreren Ernst und Schärfe erkannt werden."

[4]) Mylius NCC. III.

[5]) Dies war damals sehr oft vorgekommen; daher das scharfe Edikt.

[6]) Man muß bedenken, daß Friedrich die Landesverweisung schon 1743/44

In ähnlicher Weise ging Friedrich der Große gegen die Delikte vor, welche gegen die wirtschaftspolitischen Anordnungen verstießen, die er in treuester Fürsorge für die Hebung des Nationalwohlstandes traf. Das merkantilistische Wirtschaftssystem im Staatshaushalte Friedrichs des Großen brachte es mit sich, daß einerseits die Ausfuhr einheimischer Rohstoffe nicht geduldet und andererseits auch die Einfuhr fremder Waren als schädlich angesehen wurde. Demzufolge glaubte Friedrich, um den Wohlstand des Staates und das Gedeihen der Industrie vor Schaden zu bewahren, Verstößen gegen dieses als segensreich anerkannte System durch Androhung besonders harter Strafen begegnen zu müssen. Daher wurden die Akzisebeamten und die in den öffentlichen Leinwandfabriken angestellten Arbeiter strengsten Strafbestimmungen unterworfen, wohl weil man bei ihnen die günstigere Gelegenheit zu staats- und wirtschaftsschädlichen Verbrechen in Rechnung zog. Und vor allem lassen sich so die hohen Strafen erklären, die auf die Übertretung des Wollausfuhrverbotes und auf Kaffeeschmuggel gesetzt waren. In allen diesen Fällen [1]) lag dem König hauptsächlich daran, durch harte Strafen besonders nachdrucksvoll abzuschrecken oder durch den Vollzug der Strafe ein besonders eindrückliches Exempel zu statuieren.

---

abgeschafft hatte. Wenn er sie hier wieder verordnet, so muß er das Delikt allerdings für höchst gefährlich angesehen haben.

[1]) Abegg, Anm. 198. In Betracht kommen Mylius NCC. VII, Sp. 177 ff., Sp. 2142 u. 2486 ff.; derselbe NCC. V, IV. Abt., Sp. 271 ff. So wurde „verboten, andern (sc. Kaffee) bey sich zu haben, als in Büchsen und gestempelten Paketen, bey Vermeidung der Confiskation und der in den Gesetzen festgesetzten Strafen, welche nach dem allerhöchsten Willen Ihro Majestät mit der größten Strenge beygetrieben werden sollen, da dergleichen Mißbräuche, welche für den Staat von so nachtheiligen Folgen sind, scharf geahndet werden müssen; insonderheit wenn sie von Leuten verübet werden, welche nichts zu verlieren haben, die ihnen zu erkannten Strafen nicht achten, vielmehr, nachdem sie solche ausgestanden, das Metier eines Contrebandiers nach wie vor wiederum treiben. Dies ist um so viel gefährlicher, da dergleichen Leute ihre Professions und Arbeiten, ja die Landleute sogar ihre Äcker deshalb verlassen, und dadurch den Fabriken, der Industrie und überhaupt dem gemeinen Besten einen beträchtlichen Schaden zufügen. Diesem soll dadurch schlechterdings gesteuert werden, daß gegen dergl. Contrebandiers von Profeßion mit der größten Strenge verfahren werden soll, ... um sie dadurch für die Zukunft abzuschrecken...“

Schließlich sei noch der harten Strafen gedacht, welche Friedrich der Große über parteiliche und unredliche Richter verhängt wissen wollte, da ihn Vergehungen dieser Beamten besonders zu erbittern pflegten und er in Anbetracht der Schädlichkeit ihrer Vergehungen für das Allgemeinwohl ebenfalls wiederum, um möglichst nachdrücklich abzuschrecken, zu besonders strengen Strafdrohungen sich wandte. Daher sollen unredliche und parteiische Justizbeamte

> „nicht allein ohne alle Nachsicht und Umstände cassiert, sondern auch ausserdem mit den empfindlichsten Leibes- oder wohl gar Lebens-Strafen, welche Se. Königl. Majestät in jedem Falle Allerhöchstselbst zu bestimmen sich vorbehalten, angesehen werden“ [1]).

In allen diesen Fällen handelt es sich um eine scharfe Betonung des Abschreckungsgedankens: bei diesen Verbrechen, die an der Sicherheit des Publikums, dem Wohlstand und der Autorität des Staates rüttelten, traten persönliche Rücksichten auf den Verbrecher schlechterdings noch immer in den Hintergrund; hier galt es in erster Linie abzuschrecken und den Täter selbst ganz oder auf lange Zeit unschädlich zu machen. Nicht aber darf die Verhängung oft so auffallend harter Strafen und die merkwürdig einseitige Betonung des Abschreckungszweckes, wie sie dem König in den angeführten besonderen Fällen ratsam erschien, als ein Aufgeben seines Prinzips von der Humanität angesehen werden, welchem der König bis an sein Ende treu geblieben ist. Diese Strafbestimmungen sind durchaus nicht geeignet, an der Tatsache, daß unter Friedrich II. die Milde der Strafen proklamiert wurde, irgend etwas zu ändern. Man muß diesen Bestimmungen gegenüber auch folgende Erwägung nicht gänzlich außer acht lassen: Im letzten Drittel seiner Regierungszeit, in welches die meisten der angeführten Strafbestimmungen fallen, war Friedrich, hart mitgenommen von den mannigfaltigen Schicksalsschlägen, mit einer gewissen Erbitterung gegen die Menschen erfüllt, und so erregte es ihn, der sein ganzes Leben der Arbeit für den Staat geopfert hatte, in ganz besonderem

---

[1]) Mylius NCC. VI, Sp. 1795/96: 28. XII. 1779.

Maße, wenn Beamte sich Pflichtvergessenheit, Mangel an Eifer oder gar Unredlichkeiten zuschulden kommen ließen oder wenn gegen seine dem Wohle des Volkes gewidmeten Bestrebungen in Eigennutz und Ungehorsam gehandelt wurde. Daher griff er in dieser Zeit oft zu so harten Strafmaßnahmen; aber daß diese keineswegs prinzipiellen Charakters waren, zeigt eine in den letzten Regierungsjahren erlassene Kabinettsordre [1]), in der der König verlangte,

> „die Rechte nachzusehen und alle die grausame Articul und Punckte in gewißer Arth zu mildern und gelinder zu machen, dergestalt, daß vor alle Vergehen eine Strafe bleibt, umb die Ordnung zu erhalten, doch aber, daß die Strafen dem Verschulden mehr angemessen sind".

III. Gegenüber den harten Strafbestimmungen, die wir soeben kennen gelernt haben, sind nun aber die Fälle zu erwähnen, in denen Friedrich der Große jeglicher Übertreibung des Abschreckungszweckes energisch entgegentrat. Unter Friedrich Wilhelm I. war man, wie oben dargelegt wurde, in übertriebener Verfolgung des Abschreckungszweckes dazu gekommen, auch solche Personen unter Umständen mit der Strafe zu treffen, die im gegenwärtigen Falle gänzlich unschuldig waren. Diesen Übertreibungen steuerte Friedrich dadurch, daß er den Satz aufstellte und durchführte, die Strafe dürfe sich allein auf den Täter konzentrieren und müsse vor Personen, die mit dem Verbrechen nichts zu tun hatten, haltmachen. Dieser Gedanke war es auch, der ihn die Lösung des Problems von der Bestrafung des Selbstmordes finden ließ.

Auch unter Friedrich dem Großen gab ein praktischer Fall Veranlassung zur Wiederaufnahme der Behandlung dieses Problems. Ein unglücklicher schwermütiger Mensch hatte sich erschossen, und seinen Angehörigen wurde vom pastor loci und den Behörden das stille und ehrliche Begräbnis des Toten unter-

---

[1]) Rep. 49, A. 1, G. i. C. 1775—86: K. O. vom 17. IV. 1779 an Fürst. Ähnliches war vor der Regelung der Westpreußischen Rechtspflege im Jahre 1772 bestimmt worden; auch hier befahl Friedrich die Beseitigung „der außerordentlichen Härten des aus Zeiten der Roheit und Unwissenheit stammenden Gesetzes". Stölzel, 15 Vorträge S. 171 ff.

sagt, da die Edikte Friedrich Wilhelms dies ja ausdrücklich verboten hatten. Der Fall gelangte bis zum König, und dieser erließ unterm 4. März 1747 [1]) zwei Kabinettsordres, deren eine (an v. Bismarck) folgende charakteristischen und kriminalpolitisch bedeutsamen Sätze enthielt:

> „Mein lieber würkl. Geheimter Etats-Ministre v. Bismarck. Ich remittiere Euch hirbey das memorial des Amtmanns Bewert zu Driesen, worinnen er um still und ehrliche Beerdigung eines Sich auß Wahnwitz oder melancholey umgebrachten Verwandten angehalten. Wie Ihr nun aus denen ferneren copeylichen Anschlüßen ersehen werdet, was ich deshalb sowohl an die cüstrinische Regierung alß den pastorem loci befohlen, so werden Euch die angeführte Uhrsachen zugleich zeigen, wie ich die vorige gar zu general abgefaßte und auf gleiche Weyse ohne Grund applicirte edicta in diesem Falle zu moderiren und nach Billigkeit und denen Grund-Sätzen der Vernunfft einzuschränken für nöthig und billig erachtet, dergestalt, daß diejenige armseelige und Mitleidens wehrte Leute, so wegen Mangel des Völligen Verstandes und freyen Willens bey einer Raserey, Wahnwitz, melancolie und dergleichen unwillkührlichen Zufällen auff diese extremitaet fallen, und wo ohnedem die Straffe nichts fruchten, sondern nur auff die prostitution unschuldiger anverwanten redundiren würde, von dem rigneur derer edicte außgenommen werden sollen; Ihr habet also diese Meine declaration an alle Landes-Regierungen und Justitz-Collegia in gehörigen terminis ergehen zu lassen und Ich bin Euer wohlaffektionierter König. Potsdam, d. 4ten Martii 1747 Fch."

Es waren also in erster Linie kriminalpolitische Gesichtspunkte, die den König zu diesem Erlaß bewogen, so daß nunmehr auch die Wünsche jener Beamten in Erfüllung gingen, die

---

[1]) Rep. 49. A. 1. Das von Willenbücher und Hälschner zitierte Reskript vom 6. XII. 1751 ist also nicht der erste Schritt in dieser Angelegenheit und nur eine Wiederholung der im Text angegebenen K. O. und des von Abegg (Anm. 193) erwähnten Ediktes vom 7. März 47. Auch Fischl S. 188 erwähnt nur das Edikt vom 6. XII. 1751.

damals vergeblich Friedrich Wilhelm I. zu dem nämlichen Schritte zu veranlassen suchten. Dazu kam die philosophische Überzeugung des Königs, die die liberalen Anschauungen der Aufklärungsliteratur wiederspiegelt [1]). Indessen mögen die rein philosophischen Anschauungen des Königs hinsichtlich dieses Problems sich erst in der Zeit des siebenjährigen Krieges vollkommen ausgebildet haben, nachdem der König selbst das größte Leid durchgemacht hatte und dadurch den Gedanken der Stoa nahegebracht worden war. Jedenfalls läßt sich feststellen, daß die Gedanken der Aufklärung auch hier den Einfluß Christian Wolffs [2]) verdrängt haben und daß der König mit seinen Edikten von 1747 und 1751 unbedingt den Wünschen und Ideen seines Volkes gerecht wurde.

Auch in andern Verordnungen machte sich der Grundsatz, daß die Strafe sich auf den Täter allein beschränken müsse, bemerkbar. So erging im Jahre 1747 [3]) eine Kabinettsordre, die aus ähnlichen Gründen die Umwandlung von Gefängnis- in Geldstrafen untersagte. Der Grund hierfür war nämlich der, daß insbesondere die „gemeinen Leute" nicht ihrer Geldmittel beraubt und dadurch zur Erhaltung ihres Hauswesens unfähig gemacht werden sollten, weil die Angehörigen „dadurch mehr als die Delinquenten bestraft werden". Derselbe Befehl wurde am 16. September 1751 [4]) wiederholt und hier noch bestimmt, daß das Vermögen der zur Bestrafung oder Inquisition eingezogenen Missetäter vom Gericht nur soweit mit Beschlag belegt werden dürfte, als dadurch nicht der Unterhalt der Angehörigen unmöglich gemacht würde.

Kaum der Erwähnung bedarf es schließlich, daß unter Friedrich dem Großen nicht mehr die Gegenwart bestimmter Personen bei Hinrichtungen befohlen wurde, wie wir dies bei Friedrich Wilhelm I. beobachtet hatten; eine derartige Übertreibung des Abschreckungsgedankens war unter Friedrich naturgemäß ein Ding der Unmöglichkeit.

---

1) Willenbücher S. 44 u. 45 Anm. 1.

2) Dieser hielt an der Bestrafung des Selbstmordes fest. Willenbücher S. 44.

3) Acta Borussica VII, S. 348: 3. Aug. 1747.

4) Acta Borussica IX, S. 246.

B. Die Spezialprävention.

Die bisherigen Erörterungen dürften gezeigt haben, daß unter Friedrich dem Großen nach Beseitigung aller transzendenten Strafzwecke die Generalprävention als wichtigster Strafzweck [1]) verfolgt wurde. Dies ging insbesondere daraus hervor, daß gerade bei den Verbrechen, in denen die antisoziale Gesinnung ihre markanteste Ausprägung erhielt, die Abschreckung der Allgemeinheit als erster, ja einziger Strafzweck angesehen wurde, wenn man von dem gelegentlich erwähnten Sicherungszweck einmal absieht. Andererseits ist bereits zur Sprache gebracht worden, daß trotz dieser hohen Bedeutung des Abschreckungszweckes die Generalprävention an wesentlichen Punkten eingeschränkt wurde, daß insbesondere durch eine Verminderung der ausschließlich generalpräventiv wirkenden Strafen, wie Hinrichtung und öffentlicher Staupenschlag mit Landesverweisung, ein freier Raum geschaffen wurde für die Einführung neuer Gedanken, d. h. der Spezialprävention [2]). Während noch unter Friedrich Wilhelm I. jene absolut unschädlich machenden Strafen, die gleichzeitig in hohem Maße generalpräventiv wirken sollten, im Vordergrunde der kriminalpolitischen Mittel standen, wurde unter Friedrich dem Großen im Einklang mit der allgemeinen Entwicklung jener Zeit die Freiheitsstrafe zur Zentralstrafe erhoben.

I. 1. Von den Gründen, die die Einführung der Spezialprävention und die Bevorzugung der mit dieser stehenden und fallenden Freiheitsstrafe herbeiführten, seien zunächst jene allgemeinen humanitären Tendenzen genannt, denen ja auch Friedrich der Große Tür und Tor öffnete:

> „Les législateurs [3]) qui établissent des lois dans des monarchies sont ordinairement eux-mêmes souverains: si leurs lois sont douces et équitables, elles se soutiennent

[1]) Ganz im Sinne damaliger Kriminalpolitik überhaupt: Günther, Strafrechtsreform S. 161 ff.

[2]) Und zwar besonders im Sinne von Abschreckung oder Besserung des Täters.

[3]) Oeuvres IX, S. 23.

d'elles-mêmes, tous les particuliers y trouvent leur avantage; si elles sont dures et tyranniques, elles seront bientôt abolies, parce qu'il faut les maintenir par la violence, et que le tyran est seul contre tout un peuple qui n'a de désir que de les supprimer."

Und von einem vollkommenen Gesetzbuch schreibt er weiterhin: „ou y trouverait une connaissance profondée du cœur humain et du génie de la nation; les châtiments seraient tempérés."

Wie sehr es Friedrich aber um die Verwirklichung solch allgemeiner Humanitätsanforderungen zu tun war, das zeigte er in der Praxis bereits am dritten Tage nach seinem Regierungsantritt, als er „aus bewegenden Ursachen" die Folter und späterhin auch die andern Zwangsmittel zur Herbeiführung des Geständnisses abschaffte [1]). Es soll hier nicht vergessen werden, daß bereits Friedrich Wilhelm I. die Gefährlichkeit der Folter erkannt und ihren Gebrauch demgemäß mit mancherlei Kautelen umgeben [2]) hatte. Einerseits mußten alle auf Tortur lautenden Zwischenurteile eingesandt werden, damit allein der König ihre Anwendung in der Hand habe; andererseits hatte Friedrich Wilhelm I. im Einklang mit dem Prozeßrecht der Carolina in seiner Kriminalordnung vom 8. Juli 1717 bestimmt, daß die Tortur unterbleiben und auf die gesetzliche Strafe erkannt werden solle, wenn der Täter durch zwei einwandsfreie Leute überführt worden sei [3]). Wenn auch auf diese Weise Vorsichtsmaßregeln für den Gebrauch der Tortur getroffen worden waren, so konnte doch hier — ebenso wie bei den sonstigen Zwangsmitteln prozessualer Art — in Anbetracht der alteingewurzelten Gewohnheit nur das Radikalmittel gänz-

---

[1]) Das Nähere bei Willenbücher S. 48 ff., Abegg S. 137 ff., Hälschner S. 174 ff.

[2]) Hintze in Acta Borussica VI, 1, S. 42. Charakteristisch dafür sind folgende Worte, die sich in einem Edikt für Geldern vom 15. Oktober 1725 (Rep. 49, A 1) finden, wo gesagt wird, daß „... dese Saecke van de vuytterste gewichte ende onversettelijcke prejuditie is, daerinne mette aldergrootste Vorsichtigheit ende Sorghvuldigheit behoort voorts gevaeren te worden..."

[3]) Mylius CC. II, III. Abt. Sp. 96. Dasselbe auch im Edikt für Geldern vom 15. X. 1725.

licher [1]) Abschaffung fruchten, und zu diesem Mittel hat Friedrich der Große, um den Einzug der Menschlichkeit in die Strafrechtspflege zu kennzeichnen und kundzutun, sofort am Anfang seiner Regierung gegriffen [2]).

Von dieser strafprozessualen Frage abgesehen trugen aber seine humanitären Tendenzen ganz besonders auch im Strafrecht selbst reiche Früchte. Von der Einschränkung der Todesstrafe und der Abschaffung der Strafschärfungen [3]) war ja bereits die Rede; im allgemeinen aber zeigte sich die Tendenz der Milde [4]) eben

---

[1]) Die Streitfrage, ob Friedrich der Große die Folter tatsächlich völlig abgeschafft hat oder nicht, dürfte heute erledigt sein.

[2]) Vgl. Acta Borussica VI, 2, S. 8 ff.; Mylius NCC. II, Sp. 185/6; NCC. II, Sp. 87/8. Acta Borussica VI, 2, S. 611 ff. Hälschner S. 174 ff. Hymmen S. 208.

[3]) Ferner verschwand kurze Zeit nach seinem Regierungsantritt die Strafe des Säckens aus dem preußischen Strafensystem (Acta Bor. VI, 2, S. 17), und bald folgte die Verbannung aller jener aus alter Zeit noch erhaltenen Strafwerkzeuge, z. B. des „hölzernen Bockes" (Mylius NCC. I, S. 668; niedere Gerichte widerstrebten der Abschaffung), und der „Röste" (Mylius NCC. VI, Sp. 896/7); ferner erging das Verbot, die Untertanen zu schlagen (sog. Postrunken), Mylius NCC. VI, Sp. 897; Abegg S. 146 ff.

[4]) Über die Stellung der Praktiker zur Milderung der Strafen lassen sich einige interessante Belege anführen, die um so mehr Beachtung verdienen, als in den hierbei in Frage kommenden Aktenstücken bekannte höhere Juristen ihre Ansicht äußern. So schreibt Carmer 1779 an Fürst (Rep. 49 A. 1, G. i. C. 1775—86): „Ich muß gestehen, daß der Auftrag, diejenigen Punkte, wo die Criminal Gesetze zu hart und strenge wären, zu extrahiren und Sr. Königl. Majestät zur Abänderung vorzulegen, mich nicht wenig embaraßiren, da ich sehr überzeugt bin, daß unsern Gesetzen weit eher der Vorwurff einer allzu großen Gelindigkeit, als einer übertriebenen Strenge gemacht werden könne, und es ja bei einem Verbrechen nicht bloß auf das Factum selbst und die innere Moralitaet deßelben, sondern auch vorzüglich auf die schädlichen Folgen, die daraus für das allgemeine Beste entspringen; auf die Leichtigkeit, solches zu begehen und auf die verhältnismäßige Notwendigkeit, andere davon durch schrökende Beyspiele zurückzuhalten ankommt." Wenn auch hieraus nicht direkt hervorgeht, daß Carmer die Milde der preußischen Gesetze mißbilligte, so ist entschieden daraus zu entnehmen, daß er in der Milderung des Strafensystems das höchste Maß erreicht glaubte. Von praktisch höherer Bedeutung war aber ein Immediatbericht Coccejis vom 2. I. 1751 (Acta Bor. IX S. 94), in dem er über die Strafmilde bei Einbruchsdiebstahl und Straßenraub klagte, weil dadurch in den westlichen Provinzen Räubereien u. dgl. arg überhand genommen hätten. Cocceji bat daher im Namen der dortigen Regierungen, die ihn zu seinem Vorgehen veranlaßt hatten, um Einführung

gerade in der Einführung der Freiheitsstrafe als Zentralstrafe, von der wir hier ausgegangen waren.

2. Zu diesen Tendenzen allgemeinerer Natur kommen aber noch andere speziellere Gründe hinzu, die der Einführung der Freiheitsstrafe günstig waren. So ist es durchaus nicht ausgeschlossen, daß auch wirtschaftspolitische Bestrebungen ein weniges zur Anerkennung der Freiheitsstrafe beigetragen haben möchten, so wie es ehedem in den handeltreibenden und kaufmännisch regsamen Völkern der Niederlande und anderer Küstenstaaten der Fall gewesen ist [1]). Wir finden sogar schon einige Anzeichen dafür, daß die Todesstrafen und die Landesverweisung aus dem Grunde als nachteilig für den Staat empfunden wurden, weil dadurch der Staat arbeitskräftige Bürger verliere und unter Umständen auch steuerkräftiges Vermögen außer Landes gehe [2]). Friedrich der Große selbst schreibt in seiner Dissertation [3]) bei der Besprechung der Abtreibung und des Kindesmords und der zu deren Abwendung zu treffenden Maßnahmen:

> „N'est-ce pas la faute des lois de la (die Mutter) mettre dans une situation aussi violente? Et la sévérité des juges ne prive-t-elle pas l'Etat de deux sujets à la fois, de l'avorton qui a péri et de la mère qui pourrait réparer abondamment cette perte par une propagation légitime?"

---

eines Ediktes, daß „die Diebe, welche in ein Haus einbrechen oder auf der Landstraße rauben oder brandweise stehlen, am Leben gestraft werden sollen; wobei desto weniger Bedenken ist, weil doch alle Todesurtel allhier eingeschicket werden, folglich E. K. M. die Strafe allzeit verändern können. Unterdessen ist nöthig, einen Schrecken unter die Räuber zu bringen..." Im übrigen aber hat es doch den Anschein, als wäre man in den höheren Kreisen der Praxis mit der Strafmilde einverstanden gewesen. Von der Praxis gingen selbst Anregungen dazu aus, z. B. zur Abschaffung des „hölzernen Bockes", weil „sothane Art von Straffen nicht einer Züchtigung (Vergeltung?), vielmehr einer Peinigung gleiche". (Rep. 49, A. 1: 31. XII. 1753.)

[1]) Hierzu vgl. v. Hippel a. a. O., z. B. S. 650; vgl. auch Krohne, Handwörterbuch S. 532.

[2]) Schon Friedrich Wilhelm I. erkannte darin das Schädliche der Landesverweisung (Rep. 49, A. 1), ohne sie gänzlich abzuschaffen.

[3]) Oeuvres IX, S. 28.

Auch in der Praxis findet sich vorübergehend ein Zeichen dafür, daß Ideen wie sie oben genannt sind, aufzutauchen begannen; z. B. bemerkte das Berliner Stadtgericht in einer Eingabe vom 4. Februar 1747 [1]):

„Dahingegen wann solche Leute (nämlich Kinder wohlhabender Eltern) Landes verwiesen werden solten, da die Landesverweisung, weil sie durch den Scharffrichter geschiehet, infamiam nach sich ziehet, dieses nicht allein den Eltern und Familien zu einem beständigen Vorwurff gereichen, sondern auch das Vermögen solcher Personen außer Landes gezogen werden würde..."

3. Schließlich aber sei der rein kriminalpolitischen Gesichtspunkte gedacht, welche die bevorzugte Stellung der Freiheitsstrafe zur Folge hatten. In den Kabinettsordres und Verfügungen, welche an Stelle einer rein unschädlichmachenden Strafe eine zeitige Freiheitsstrafe setzten, wird mit aller Deutlichkeit auf spezialpräventive Zwecke hingewiesen; auch fängt man nunmehr an, die Umstände, welche zur Tat die Veranlassung gaben, zu berücksichtigen, insbesondere beim Diebstahl danach zu fragen, inwieweit Armut und Not den Täter zu seinem Vorgehen getrieben hatten. Die Folge war daher gerade bei der Bestrafung des gewöhnlichen Diebstahls eine Milderung des bestehenden Strafensystems [2]).

Inwieweit man nun im allgemeinen im Hinblick auf die Spezialprävention lediglich an eine Abschreckung des Täters durch die Strafe oder auch schon an eine moralische Besserung des Delinquenten denken darf, dieser Frage ist erst näher zu treten, nachdem wir uns über das System und den Vollzug der Freiheitsstrafen im einzelnen orientiert haben.

II. 1. Soweit heute auf Grund von Quellenmaterial Feststellungen möglich sind, ergibt sich, daß in Preußen zur Zeit Friedrich Wilhelms I. und Friedrichs des Großen drei Typen von Freiheitsstrafen in Gebrauch gewesen sind, wie dies nach

---

[1]) Rep. 49, A. 1, G. i. C. 1745—59. Vgl. auch Hintze II, S. 91/2 u. III, S. 6.

[2]) Über die Diebstahlstrafen im Rückfall vgl. unten S. 52.

Kriegsmanns neuesten Untersuchungen [1]) auch in anderen Staaten der Fall gewesen sein dürfte. Auch in Preußen können wir unterscheiden die Festungs- oder Karrenstrafe, die Gefängnisstrafe und die Zuchthaus-, Arbeitshaus- oder Spinnhausstrafe.

a) Als gelindeste Art der Freiheitsstrafe wurde die Gefängnisstrafe angesehen, obwohl die Art der Unterbringung für den Delinquenten körperlich wie seelisch qualvoll genug gewesen sein mag. Der Zustand der Gefängnisse war auch in Preußen höchst unzulänglich und gab den Behörden vielfach zu Klagen Anlaß [2]). Untersuchungsgefangene und Sträflinge saßen ohne Arbeit eng zusammen; die schlechten Elemente konnten die weniger verdorbenen ungünstig beeinflussen, und außerdem war es den Delinquenten bei dieser Art der Unterbringung ohne weiteres möglich, die vor Gericht zu machenden Aussagen miteinander zu verabreden [3]). Wo Mangel an Gefängnissen herrschte oder die vorhandenen Anstalten überfüllt waren, wurden die Gefängnissträflinge sogar bisweilen, da sie ja nicht zu arbeiten hatten, und es lediglich auf ihre Internierung ankam, bei Privatpersonen in irgendeinem Stall einquartiert; von hier aber liefen sie meistens nach kurzer Zeit wieder davon zur großen Freude des mit der Einquartierung Belasteten, der damit der Verpflegung und Bewachung ledig geworden war.

b) Als schwerste Freiheitsstrafe galt demgegenüber die Festungs- oder Karrenstrafe. Sie war auf jeden Fall mit schwerster körperlicher Anstrengung verbunden und wurde oft noch dadurch verschärft, daß die Sträflinge ihre Arbeiten in Ketten oder an die Karre geschmiedet verrichten mußten.

c) Während wir so über die Bedeutung und das Wesen der Gefängnis- und Festungsstrafe im klaren sind, dürften die

---

1) Kriegsmann S. 7.

2) Im Jahre 1751 reichte Cocceji einen Immediatbericht ein, in welchem er dem König den Mangel an Gefängnissen und ihre trostlose Beschaffenheit beweglich vorstellte. Seine Klage lief natürlich auf eine Bitte um Geldunterstützung hinaus. Acta Borussica IX, S. 94/5.

3) Gerade hierauf weist Cocceji in dem in Anm. 2 erwähnten Immediatbericht hin.

Forschungen über den Vollzug der Zuchthausstrafe in Preußen noch nicht zu einem endgültigen Resultat gekommen sein. Ob die ersten preußischen Zuchthäuser unter unmittelbarem Einfluß Hollands entstanden, welche Gesichtspunkte zunächst bei ihrer Anlegung leitend gewesen sind und ob und unter welchen Einflüssen hierin später Veränderungen stattgefunden haben, das sind Fragen, deren endgültige Beantwortung vor allem Untersuchungen über frühere Jahrhunderte nötig machen würde.

Soweit aber aus dem dieser Abhandlung zugrunde liegenden Quellenmaterial des Geheimen Staatsarchivs zu Berlin und des Novum Corpus Constitutionum von Mylius Schlüsse zur Beantwortung dieser Fragen gezogen werden können, mag es gestattet sein, auch an dieser Stelle zu jenen Problemen kurz Stellung zu nehmen.

Dabei ist zunächst festzustellen, daß es an einer einheitlichen Durchführung der Zuchthausstrafe, an einem einheitlichen ihr zugrunde liegenden Prinzip im 18. Jahrhundert gefehlt hat. Dies erklärt sich m. E. folgendermaßen:

v. Hippel hat in seinem Aufsatz „Beiträge zur Geschichte der Freiheitsstrafe“ [1]) nachgewiesen, daß die Gründungen von Zuchthäusern im 16. und 17. Jahrhundert mit der damaligen Armen- und Krankenpflege in nahem Zusammenhang gestanden haben. Dieser Satz darf m. E. auch für Preußen volle Geltung beanspruchen. Ich schließe dies daraus, daß die preußischen Zuchthäuser auch noch im 18. Jahrhundert in weitem Maße der Bekämpfung des Bettels, des Vagentums, des Dirnenwesens und der Arbeitsscheu dienten. Bettler und Landstreicher aber bilden einen Teil der Armen, und zwar denjenigen, dessen Armut auf Arbeitsscheu und Müßiggang zurückzuführen ist. Die Erziehung zur Arbeitsamkeit war nun das Ziel, das mit der Anlegung von Zuchthäusern vor allem verfolgt wurde oder doch wenigstens verfolgt werden sollte [2]), und insofern dienten die Zuchthäuser letzten Endes zur Bekämpfung der Armut, standen also mit der Armenpflege in nahem Kontakte. Bei der Anlegung

---

[1]) v. Hippel S. 651.

[2]) Hierzu vgl. vor allem v. Hippel S. 648 ff., insbesondere S. 650—54.

des Königsberger Zuchthauses im Jahre 1756[1]) war dieser Gedanke fast ausschließlich maßgebend; deutlich kommt der Zusammenhang von Armenpflege und Zuchthauswesen ferner in einem Reskript vom 19. Dezember 1763[2]) und in sehr interessanten Berichten zum Ausdruck, die auf Grund einer Umfrage Friedrich Wilhelms I.[3]) von den einzelnen Regierungen bei diesem einliefen und Kunde von dem Zustand der einzelnen Zuchthäuser enthalten. Im Hinblick hierauf und auf die wissenschaftlichen Ergebnisse der Abhandlung v. Hippels geht man m. E. nicht fehl, wenn man, wie oben bemerkt, auch hinsichtlich Preußens annimmt, daß wesentlich charitative[4]) Gesichtspunkte bei den ersten Gründungen preußischer Zuchthäuser maßgebend waren. Offenbar aber hat sich dieser Charakter der Zuchthäuser teilweise in späterer Zeit verändert, indem man die Anstalten immer mehr auch zur Aufnahme von Verbrechern bestimmte. Und in diesem Stadium der Entwicklung befanden sich die Zuchthäuser Preußens — alles weist darauf hin — im 18. Jahrhundert. Gerade in dieser Zeit müssen wir nämlich unterscheiden zwischen Zuchthäusern mit jenem ursprünglichen Charakter als Aufnahmestätte für Arbeitsscheue und Müßiggänger und Anstalten, die mehr oder weniger ausschließlich auch bereits der reinen Strafrechtspflege zur Verfügung standen.

Ein Zuchthaus der ersteren Art findet sich z. B. in Kolberg, wo man nicht eigentlich Verbrecher aufnahm, sondern solche Einwohner zweifelhafter Lebensführung, die als gefährlich angesehen wurden, wie z. B. ungeratene Kinder, Dienstboten, Bettler und Landstreicher. Sie mußten sich mit Spinnen ihren Unterhalt verdienen. Ganz anders dagegen beispielsweise in Stolp! Hier kamen ins Zuchthaus Verbrecher aller Art, soweit Platz vorhanden war, ohne daß eine besondere Auslese stattfand. Im übrigen schien das Prinzip zu herrschen, starke Leute, also ins-

---

[1]) Mylius NCC. II, Sp. 15.

[2]) Mylius NCC. III, Sp. 345.

[3]) Rep. 49 A. 1, G. i. C. 1732—44.

[4]) Kriegsmann, S. 5, schreibt, daß das Zuchthaus als polizeiliche Maßregel entstanden sei. Ich halte dies für mißverständlich, da die Armenpflege nicht sowohl eine polizeiliche, als vielmehr eine charitative Maßregel ist.

besondere erwachsene Männer auf die Festung zu schicken, damit sie durch Festungsarbeit dem Staate nützlich sein könnten. Die Zustände waren in den meisten Zuchthäusern die denkbar elendesten [1]). Das Fehlen ausreichender Geldmittel [2]) und genügender staatlicher Überwachung dürften neben der Verkennung der eigentlichen mit der Freiheitsstrafe zusammenhängenden kriminalpolitischen Probleme, die im 17. Jahrhundert gegenüber dem Abschreckungsgedanken in Vergessenheit geraten waren, der Hauptgrund hierfür gewesen sein. Man hat manchmal den Eindruck, als ob man in der Zeit vor Friedrich dem Großen vielfach froh war, wenn man sich um das ganze Zuchthauswesen nicht zu bekümmern brauchte; so überließ man die Sträflinge irgendeinem gewerblichen Unternehmer als Arbeitskräfte, der dann das Zuchthaus in eine Fabrik [3]) verwandelte und die Gefangenen nach Möglichkeit ausnutzte, ohne sich auch nur im geringsten über den Zweck ihrer Bestrafung oder über ihr physisches und psychisches Ergehen Gedanken zu machen.

2. Daß sämtliche drei Kategorien der Freiheitsstrafe im Hinblick auf die traurigen Zustände, die in ihnen herrschten, vor

---

[1]) Da zahlreiche Schilderungen hiervon in der Literatur vorhanden sind, kann hier von einer genaueren Darstellung dieser Zustände abgesehen werden. Vgl. z. B. Kade S. 93 ff.

[2]) Von wirklichen Geldmitteln konnte eigentlich nur in Spandau die Rede sein; es ist nicht uninteressant, bei dieser Gelegenheit einiges über die Geldquellen der dortigen Strafanstalt zu erfahren. Die Fonds waren nach dem beim Könige aus Spandau eingegangenen Berichte folgende:

	Thlr.	Sbgr.
Zuschuß aus der Gen.-Domänen-Kasse	2000	—
,, ,, ,, ,, -Kriegs-Kasse	350	—
,, ,, dem Havelländisch-Ruppinischen Kreise	400	—
Zinsen aus ausgeliehenen Darlehen	820	—
,, ,, vermieteten Häusern	327	—
Aus einem Kanon vom monte pietatis	2	12
Aus der am Wedding gelegenen Papiermühle	40	—
Verdienst der Gefangenen ca.	1000	—
Summa	4939	12

Aufnahmegelder waren in Spandau nicht zu zahlen, wohl aber z. B. in Magdeburg, Stargard usw.

[3]) So war es z. B. in Küstrin. Vgl. auch Kriegsmann S. 22.

Friedrich dem Großen im allergünstigsten Fall nur eine Abschreckung, in keinem Fall aber eine tatsächliche Besserung und wohl zumeist eine Verrohung und Entsittlichung des Bestraften bewirkten, liegt auf der Hand.

Auch Friedrich der Große hat hier, wie wir noch des näheren sehen werden, durchgreifenden Wandel nicht schaffen können, aber er hat doch in mancher Hinsicht eine Besserung der Verhältnisse angebahnt und Versuche gemacht, den eigentlichen Zweck [1]) der Freiheitsstrafe praktisch zur Geltung zu bringen und zu verwirklichen.

3. Kommen wir nun auf die Anwendung der Freiheitsstrafe unter Friedrich dem Großen zu sprechen, so ist zunächst festzustellen, daß ein eigentliches System in der Anwendung der drei Kategorien auch unter Friedrich nicht zu erkennen ist. Der Grund hierfür liegt m. E. zum größten Teil darin, daß in den einzelnen Gegenden der Monarchie durchaus nicht alle drei Kategorien von Strafanstalten vorhanden waren [2]). Man war demgemäß gezwungen, diesen Mangel an Strafanstalten zu berücksichtigen, und mußte z. B. in den westlichen Provinzen — Kleve, Minden, Ravensberg, Tecklenburg und Mörs —, wo insbesondere Mangel an Zuchthäusern herrschte, an Stelle von Zuchthausstrafen Karrenstrafe verhängen [3]), da eben einfach die Vollstreckungsmöglichkeit nicht vorhanden war. Derselbe Grund veranlaßte denn auch die Regierungen vielfach, beim königlichen Kabinett zu bitten, daß doch mehr auf Leibesstrafen erkannt werden möchte, da die Vollstreckung von Freiheitsstrafen teilweise mit unüberwindlichen Schwierigkeiten verknüpft war.

III. Wurde nun aber wirklich auf Freiheitsstrafe erkannt, so

---

[1]) Den man ursprünglich in Holland usw. mit der Zuchthausstrafe verfolgt hatte und der inzwischen durchaus verwischt worden war. Vgl. besonders v. H i p p e l a. a. O. S. 437 ff. u. 648 ff.

[2]) Aus der Umfrage Friedrich Wilhelms geht hervor, daß im Westen Zuchthäuser nicht vorhanden waren. Über die Gefängnisse vgl. Acta Borussica IX, S. 94/5.

[3]) Hierbei war es aber wieder nachteilig, daß der Verbrecher oft durch fremde Länder zu transportieren war.

sah man sich in nicht allzu schweren Fällen doch auch schon den Täter an und machte gewisse Unterschiede bei der Verurteilung.

1. Freilich den schweren Verbrechern [1]) gegenüber war man im großen und ganzen kriminalpolitisch ratlos. Hier kam es lediglich darauf an, die Gesellschaft vor den weiteren Verbrechen eines bestimmten als verbrecherisch erkannten Individuums zu schützen, der Sicherungszweck trat hier, nach außen generalpräventiv wirkend, in Erscheinung. Das Hauptproblem, welches in dieser Hinsicht auftauchte, war die Bestrafung rückfälliger Diebe mit Freiheitsstrafen. Der Staat sollte einerseits in konsequenter Durchführung des Satzes von der Proportionalität der Verbrechen und Strafen nur in ganz besonders schweren Fällen töten, andererseits mußte man die Gesellschaft gerade vor den immer wieder rückfällig werdenden Dieben sichern, und so kam es bereits unter Friedrich dem Großen zu einigen Verordnungen, die man als Vorläufer der berühmten Verordnung vom 26. Februar 1799 [2]) bezeichnen kann. Am 4. Februar 1747 erging ein allerdings nur für Berlin erlassenes Edikt [3]), demzufolge Diebe im Rückfall mit lebenslänglicher Freiheitsstrafe, sonst aber nach Verbüßung der zeitigen Freiheitsstrafe mit Landesverweisung bestraft werden sollten. Am 28. September 1750 [4]) erließ Friedrich der Große ein anderes Edikt, das sich speziell gegen Einbruchsdiebstahl und Straßenraub richtete und für diese Fälle lebenslängliche Freiheitsstrafe anordnete; denn die Erfahrung habe gelehrt,

> „daß dergleichen Missethäter, wann sie schon auf einige Zeit zum Vestungsbau condemniret gewesen, sich darum nicht gebessert, sondern sobald sie ihre Freiheit erhalten, es da, wo sie es gelassen, wieder angefangen.“

Kurz vor der Erlassung dieses Ediktes motivierte der König in einer Kabinettsordre an die Preußische Regierung sein Vorgehen mit folgenden Worten [5]):

---

1) Günther, Strafrechtsreform S. 160/61.

2) Mylius NCC. X.

3) Mylius, Continuatio III, Sp. 143.

4) Mylius, Continuatio IV, Sp. 289/90.

5) Rep. 49, A. 1, G. i. C. 1745—59.

„Es ist von dergleichen Leuthen, bey welchen die Boßheit schon dergestalt überhand genommen, daß sie gewaltsame Diebstähle und Einbrüche begehen, fast niemahlen mehr zu hoffen, daß sie sich durch die Strafe der Vestungs-Arbeit, auff einige Jahre, bessern und corrigiren, vielmehr stehet zu besorgen, daß wann dergleichen Mißethäter nach geendigter ihnen zuerkandten Vestungsarbeit wieder auff freyen Fuß kommen, sie es sodann da wo sie es vorhin gelaßen von neuem anfangen oder woll gar noch größere Übelthaten begehen werden."

In der konsequenten und korrekten Weise, wie dies im Edikt von 1799 der Fall ist, kommt der Sicherungsgedanke hier freilich nicht zum Ausdruck, aber charakteristisch sind jene Verordnungen dennoch als Vorboten des Erlasses Friedrich Wilhelms II.

Besonders deutlich tritt der Sicherungsgedanke aber bei der Abschaffung der Landesverweisung in die Erscheinung. Ein Edikt vom 18. XII. 1743 [1]) ersetzte diese nämlich durch lebenslängliche Freiheitsstrafe mit „leidlicher Arbeit", „damit er nicht herumlauffen und mehr Übelthaten ausüben könne" [2]). Von der Landesverweisung, die ja damals in erster Linie der „Sicherung" dienen sollte, wurde also dieser Charakter ausdrücklich auf die Freiheitsstrafe übertragen; die Fälle der lebenslänglichen Freiheitsstrafe wurden damit vermehrt.

2. Die Person des Täters wurde also, wie wir sehen, nur bei weniger schweren Fällen ins Auge gefaßt; nur da, wo eine zeitige Freiheitsstrafe am Platze schien, suchte man den Täter in irgend-

---

[1]) Rep. 49, A. 1, G. i. C. 1732—44.

[2]) Es ist an sich auffallend, daß das Edikt lebenslängliche Freiheitsstrafe brachte; denn die dem Erlaß vorangehende Korrespondenz hätte eigentlich zu einem anderen Ergebnis führen müssen. Cocceji, Broich und Arnim hatten beim König angefragt, „ob dergl. Inquisiten nach ausgestandener Vestungs-Straffe im Lande bleiben, oder des Landes verwiesen, oder aber Zeitlebens (welche Straffe sonst dem Tode gleich geachtet wird) in der Karre gelaßen werden sollen". Der König bemerkte neben der ersten der drei Fragen „guht Fch.". Dennoch entstand Streit zwischen Cocceji, Broich und Arnim, was Friedrich beabsichtigt hätte, und man einigte sich schließlich auf lebenslängliche Freiheitsstrafe „mit leidlicher Arbeit". Das Edikt wurde in diesem Sinne ausgefertigt und vom Könige vollzogen. Rep. 49, A. 1, G. i. C. 1732—44.

einer Richtung hin günstig zu beeinflussen, nur hier spielte das spezialpräventive Moment unter Betonung eines im Hinblick auf den Täter zu erreichenden Nützlichkeitszweckes in die Strafe hinein. Und darauf nehmen zahlreiche Kabinettsordres mit dem allgemeinen Ausdruck „Correction" Bezug!

Da wir gesehen haben, daß die Zustände der Strafanstalten auch in friderizianischer Zeit noch recht elende waren, und da man sich dieser traurigen Tatsache in den leitenden Kreisen auch wohl bewußt war, so können wir schon hieraus schließen, daß dem Worte „Correction" im Zweifel nur die Bedeutung „Abschreckung des Täters ohne weitere sittliche Beeinflussung" beigelegt werden darf. Ganz klar liegt dies in den Fällen, wo eine kurze, aber schwere Freiheitsstrafe verhängt wurde: man wollte dem Täter einfach einen gehörigen Denkzettel erteilen, ihn nachdrücklichst verwarnen, damit er sich künftighin vor der Begehung anderer Vergehen hüten solle. In diesem Sinne ist von Correction z. B. in einem Marginal Friedrichs die Rede, wo der König eine Verurteilung zu 4 Wochen Karrenstrafe abkürzte mit den Worten:

> „zu 8 tagen; Ministres die nicht wißen was in der Care gehen heißet können Schon Schwehre Urthels fällen. 4 Wochen ist viel. 8 tage ist zu einer Correction genung" [1]).

Und ebenso dachte man auch in den andern Fällen, wo es sich vielleicht um längere Freiheitsstrafen handelte, regelmäßig nur an eine Abschreckung des Delinquenten. Das geht schon daraus hervor, daß dann, wenn eine moralische Beeinflussung des Täters für möglich gehalten wurde und unter allen Umständen herbeigeführt werden sollte, stets von besonderen Anordnungen die Rede ist, die über den eigentlichen und regulären Vollzug der Freiheitsstrafe hinausgingen und im Interesse des speziellen Zweckes von Fall zu Fall getroffen wurden. Es wurde dann nämlich nicht einfach auf Gefängnis- oder Zuchthausstrafe schlechthin erkannt, sondern es wurden Anweisungen für die Vollstreckungsorgane hinzugefügt, damit die betreffenden Delinquenten besonders beeinflußt und beobachtet würden; so ordnete

[1]) Acta Borussica VII, S. 136.

der König z. B. an, daß der Ortsgeistliche den Gefangenen zu besuchen habe,

> „damit er ihm die Größe und Abscheulichkeit seines begangenen Lasters begreifend mache und selbigen zugleich bessere und genugsame Begriffe von der Religion beizubringen sich alle Mühe gebe“ [1]).

Nicht immer aber wurde der Geistliche mit der besonderen Erziehung des Täters beauftragt, sondern in andern Fällen mußte sich die Zuchthausverwaltung [2]) selbst eine sittliche Beeinflussung des Täters angelegen sein lassen.

Solche besonderen Erziehungsmaßnahmen wurden naturgemäß wohl nur Personen gegenüber angeordnet, bei denen man im Hinblick auf ihr Alter noch eine Wirkung derselben erwarten durfte [3]). Dann allerdings auch bei Verbrechen, die an sich geeignet wären, rein generalpräventive Strafen Platz greifen zu lassen, z. B. bei Brandstiftung [4]).

Daß man sich auf jugendliche Personen mit Besserungsmaßnahmen im eigentlichen Sinne beschränkte, hat seinen Grund auch darin, daß Friedrich die Durchführungsmöglichkeit für dergleichen Maßnahmen nur im Zuchthaus gegeben sah; und im Zuchthaus wurden ja gerade, sofern es sich um wirkliche Verbrecher handelte, nur jüngere Männer [5]) außer Frauen aufgenommen. Daher richteten sich die Bestrebungen des Königs, in dieser Hinsicht weiter vorzugehen, auch nur auf Einrichtung von Zuchthäusern mit mehr polizeilich-charitativem als pönalem

---

[1]) Acta Borussica VII, S. 134.

[2]) E. Preuß S. 376: K. O. vom 27. April 1776: „Mein lieber Etatsminister von Zedlitz. Ich habe Bedenken gefunden, das hier neben wieder zurückerfolgende Tods-Urthel wider den Brandstifter Döpel zu vollziehen. Er sowohl als der Mitschuldige Weiß werden als noch junge Leute angegeben, und Ich will dahero, daß derselbe ebenfalls mit der Todsstrafe verschonet und beyde ins Zuchthaus gebracht, und in solchem für ihre bessere Erziehung und Erkenntniß der menschlichen Pflichten, so wie der Abscheulichkeit ihres begangenen Verbrechens gesorgt werden soll...“

[3]) Pollitz S. 15: „Eine solche Besserung erwartet er (Friedrich).... besonders bei jugendlichen Personen, für die er daher auch mildere Strafen fordert.“

[4]) Vgl. Anm. 2 S. 55.

[5]) Ausnahmen bei rein pönalen Zuchthäusern kamen vor.

Charakter, in denen dann solche jugendlichen Verbrecher Aufnahme finden sollten. Die von Friedrich neugegründeten Anstalten dieser Art — z. B. in Potsdam, Königsberg, Tapiau, Kreuzburg [1]) — kamen also unter Friedrich dem Großen wohl nur jüngeren Verbrechern zugute, hier aber auch mit dem ausgesprochenen Zweck, diese noch besserungsfähigen Personen wirklich sittlich zu heben und zu nützlichen Menschen zu machen. Als z. B. im Jahre 1756 in Königsberg ein Spinn- und Arbeitshaus errichtet wurde, suchte man es doch so einzurichten, daß es zur wirklichen Besserung der Gefangenen beisteuern könnte. Liest man das am 8. Januar 1756 bekannt gegebene Notifikationspatent, so ist man fast versucht, an einen unmittelbaren hanseatischen oder niederländischen Einfluß zu glauben; denn es wird hier ungefähr denselben Erfordernissen das Wort geredet, die auch dort [2]) gestellt waren. In jenem Patent heißt es nämlich zu Anfang [3]):

> „Demnach Wir aus landesväterlicher Vorsorge unermüdlich darauf bedacht sind, wie die Wohlfahrt, Ruhe und allgemeine Aufnahme.... Unserer sämtlichen Unterthanen ... und deren Handthierung und Gewerbe auf alle nur mögliche Weise befördert, erhalten und vermehret werde, hierzu aber nicht wenig beyträget, wenn alles im Lande und in der Stadt sich häufende lose Gesindel, Bettler, Müßiggänger... und andere dergleichen Leute vor Lastern und Müßiggang gerettet, hingegen in nützlicher Arbeit zur Aufnahme der Fabriquen gesetzet werden; So gereichet Uns die ... heilsame Anlegung eines gemeinen Spinn- und Arbeitshauses zum besonderen... Wohlgefallen."

Die weiteren Vorschriften, die die Aufnahme der Delinquenten regeln, bestätigen uns, daß man tatsächlich einen Besserungszweck im eigentlichen Sinne des Wortes zu erreichen beabsichtigte. Schwerere Verbrecher wurden daher auch nicht in dieses neue Zuchthaus eingelassen, sondern nur solche Leute fanden Aufnahme,

---

[1]) Kriegsmann S. 15, Anm. 2.

[2]) Krohne, Handwörterbuch S. 532; derselbe, Lehrbuch S. 26 ff.

[3]) Mylius NCC. II, Sp. 15.

„die nur leichte Verbrechen begehen und auf Veranlassung der Obrigkeit zur Besserung dahin verurtheilet worden“ [1]).

Von den Zuchthäusern mit mehr pönalem Charakter und den sonstigen Strafanstalten glaubte Friedrich mit Recht, daß sie höchstens eine Abschreckung des Täters bewirken könnten. Um aber auch diese Abschreckung in ihrer Wirkung möglichst günstig zu gestalten und den erstrebten Erfolg nach Möglichkeit sicher zu stellen, traf Friedrich eine nicht unbeachtenswerte Maßnahme. Da er erkannte, daß dem entlassenen Sträfling naturgemäß das Fortkommen überaus erschwert sei, besonders darum, weil mit den meisten Strafen die Infamie verbunden war, die es dem Täter einfach verwehrte, einem ehrlichen Beruf sich zuzuwenden, so hob er diese Ehrenstrafe auf, damit der Delinquent nach der Entlassung nicht gezwungen sei, von neuem auf die Bahn des Verbrechens zu geraten [2]). Ob die Verordnung des Jahres 1756 [3]), die die Infamie abschaffte, den gewünschten Erfolg wirklich dann und wann aufzuweisen hatte, können wir freilich nicht beurteilen, weil uns jegliches Material dazu fehlt.

IV. Bestrebungen, den Vollzug der Freiheitsstrafe selbst zu verbessern, sind verwirklicht worden nur, soweit neue Zuchthäuser angelegt wurden. Daß man sich aber gerade auch in den höheren Kreisen der Praxis mit den Problemen beschäftigte und über Besserungsmöglichkeiten sich Gedanken machte, zeigt ein unter den Kriminalakten des Berliner Staatsarchivs befindliches interessantes Gutachten, das ein Berliner Stadtrichter auf Anordnung des Ministers v. Zedlitz verfaßt hat über die Frage, „ob und welchergestalt die zu beßerer Einrichtung der Zucht-

1) Mylius NCC. II, Sp. 18.

2) Friedrich entfernt sich hier also von Montesquieu, der sehr für infamie, honte etc. eintrat, aus sehr beachtenswerten praktischen Gründen. Bereits in Amsterdam (1595) hatte man dieselben Maßregeln getroffen.

3) Mylius NCC., II, Sp. 115; dazu treffend Abegg S. 151 a. E. Besonders bemerkenswert sind in dem Edikt folgende Stellen: „.... weil derjenige Delinquent, welcher mit Infamie beleget worden, ein unnützes Mitglied der Societaet wird und .... sich ausser Stande befindet, fernerhin sein Brodt auf eine ehrliche Art zu verdienen...“

und Arbeitshäuser sich vorfindende Hindernisse gehoben werden könnten" [1]). Das Gutachten gipfelte darin, daß die Zuchthäuser nicht nur leichte Verbrecher, sondern auch schwere Verbrecher aufnehmen müßten; freilich wäre dafür Sorge zu tragen, daß die Verbrecher in bestimmte Klassen eingeteilt und danach getrennt untergebracht würden. Besonders bei leichteren Verbrechern verlangte das Gutachten weitgehende Bemühungen, für die moralische Besserung zu sorgen, fordert aber auch sonst, daß die eingelieferten Delinquenten Gelegenheit haben sollten, wieder zu arbeitsamen Mitgliedern der menschlichen Gesellschaft zu werden. Mancher Vorschlag, der zu diesem Zwecke im einzelnen gemacht wurde, dürfte heute freilich sonderbar erscheinen, während andere Gesichtspunkte — z. B. die korrektionelle Nachhaft — durchaus modernes Gepräge tragen. Vor allem aber zeigt die Schrift, daß man die Aufgaben der Freiheitsstrafe im großen und ganzen erkannt hatte. Daß unter Friedrich dem Großen diese neuen Ziele nicht energischer verfolgt wurden, liegt nicht an fehlendem guten Willen, sondern in erster Linie an pekuniären Schwierigkeiten. Die Ausgestaltung der Armee, die Hebung der Landwirtschaft und Industrie, besonders nach den verderblichen Kriegsjahren, erforderten zu hohe Summen, als daß man auch noch auf diesem Gebiete größere Umgestaltungen hätte hervorrufen können. Man konnte damals nicht mehr leisten, als daß man, um wenigstens leichtere Verbrecher wieder zu nützlichen Mitgliedern der Menschheit zu machen, einige Zuchthäuser polizeilichen Charakters begründete und im übrigen mittels mehr oder weniger großen Geldunterstützungen, besonders auch auf dem Gebiete des Gefängniswesens, die gröbsten Mängel beseitigte. So waren es zum größten Teil die tatsächlichen Hindernisse, vor denen eine breitere Durchführung spezialpräventiver Ideen scheiterte; theoretisch war man von der Wichtigkeit dieser Gedanken überzeugt.

[1]) Rep. 49, A. 1, G. i. C. 1760—74: Das Gutachten wurde 1772 verfaßt. Der Verfasser desselben holte zunächst brieflich Nachrichten aus Hamburg, Amsterdam, London usw. ein. Diese Briefe sind in dem betreffenden Aktenpaket aufbewahrt; doch ist hier auf ihren interessanten Inhalt nicht näher einzugehen. Über außerpreußische Zuchthäuser v. Hippel a. a. O.

Am Schluß dieses von den Strafzwecken handelnden Abschnittes sei noch einmal zusammenfassend auf die Frage nach dem Verhältnis der General- und Spezialprävention zurückgegriffen. Die Erörterungen dürften gezeigt haben, daß Friedrich der Große trotz der entschiedenen Bevorzugung der Generalprävention doch nicht mit einseitiger Konsequenz die Abschreckung der Allgemeinheit mit der Strafe verfolgt hat, daß er vielmehr durch mancherlei angebrachte Einschränkungen der Generalprävention für die Spezialprävention freien Raum geschaffen hat, besonders durch die Erhebung der Freiheitsstrafe zur Zentralstrafe. War es unter seiner Regierung im Hinblick auf den Zustand der Strafanstalten auch zumeist nur möglich gewesen, den Täter abzuschrecken und nur unter ganz besonderen Bedingungen tatsächlich zu bessern, so hatte er doch den Grundstein zum Ausbau der spezialpräventiven Ideen gelegt und der Kriminalpolitik unter seinen Nachfolgern den Weg gewiesen.

---

3. Abschnitt.

Polizeiliche Präventivmaßnahmen im Dienste der Kriminalpolitik.

I. Die Handhabung der Strafgerichtsbarkeit, die in den bisherigen Erörterungen vom kriminalpolitischen Standpunkt aus beleuchtet wurde, bildete nach der Lehre der Aufklärungsphilosophen durchaus nicht das einzige Mittel zur Bekämpfung des Verbrechens; noch ein anderes höchst bedeutsames Moment tritt uns in dieser Hinsicht in der philosophisch-kriminalpolitischen Literatur der damaligen Zeit entgegen: Es ist die Forderung, daß der Staat alles tun müsse, um überhaupt von vornherein die Begehung von Verbrechen nach Möglichkeit zu verhindern oder sie doch durch zuvorkommende Maßnahmen auf ein möglichst geringes Maß herabzusetzen [1]). Hiermit ist eine Prävention in ganz besonderem Sinne gemeint: Sie besteht nicht darin, durch Strafankündigung oder Strafvollzug abschreckend zu wirken und dadurch weiteren Verbrechen vorzubeugen, sondern man versteht hierunter eine Prävention, die die Anwendung von Strafmitteln möglichst überflüssig machen soll, indem man versucht, durch praktische Maßnahmen die Entstehungsmöglichkeit des Verbrechens zu vereiteln. Freilich sind dergleichen Maßnahmen nicht rein kriminalpolitischer Natur, da sie zunächst mit einer Anwendung der Strafmittel zu irgendeinem besonderen Zwecke nichts zu tun haben; aber sie bilden — besonders dann, wenn sie einen sozialpolitischen Einschlag erhalten, — eine so bedeutsame Unterstützungsquelle gerade auch für den Kriminalpolitiker, daß sich eine Darstellung der preußischen Kriminalpolitik notwendig auch mit ihnen beschäftigen muß. Ja, nach den Äußerungen mancher Aufklärungsphilosophen sollte gerade dieser Teil der Verbrechensbekämpfung dem Gesetzgeber wichtiger erscheinen, als die Ausübung des staatlichen Strafrechts selbst:

> „un bon législateur s'attachera moins à punir les crimes qu'à les prévenir; il s'appliquera plus à donner des mœurs qu'á infliger des supplices" [2]).

Denselben Gedanken bringt Voltaire zum Ausdruck, wenn er schreibt:

> „La véritable jurisprudence est d'empêcher les délits [3])."

Aus diesem Gesichtspunkte heraus wurde nun dem Gesetzgeber zur Pflicht gemacht, durch Verbreitung der Aufklärung, durch Hebung der Sitten und Belohnung der Tugend [4]) im allgemeinen das Volk auf ein höheres moralisches Niveau zu erheben und

[1]) Frank S. 74; Günther, Idee usw. S. 167, Anm. 377; besonders auch Günther, Strafrechtsreform usw. S. 137; vgl. auch Kade S. 39 und Fischl S. 86 u. 168 ff.

[2]) Montesquieu, Esprit des lois: Livre VI, IX.

[3]) Günther, Strafrechtsreform S. 137.

[4]) Kap. XI, livre VI, des Esprit des lois trägt die Überschrift: „Que lorsqu'un peuple est vertueux il faut peu de peines."

damit einem Zustande zuzuführen, in welchem die Verbrechen immer seltener werden sollten [1]).

II. Auch in den theoretischen Schriften Friedrichs des Großen finden wir wiederholt einen Hinweis auf dieses wichtige Erfordernis. An Voltaire schreibt er in einem Briefe aus dem Jahre 1777:

„J'ai cru en suivant les sentiments des plus sages législateurs qu'il valait mieux empêcher et prévenir les crimes que les punir [2])."

Und in diesem Sinne hat Friedrich in landesväterlicher Fürsorge auch gehandelt und die allgemeine Forderung, durch eine moralische Hebung des Volkes das Verbrechen zu bekämpfen, z. B. durch Verbesserungen der Schuleinrichtungen zu erfüllen gesucht, denen er reges Interesse entgegenbrachte [3]).

Die Präventionsbestrebungen aber, welche gerade die strafrechtliche Praxis und die mit dieser im engsten Zusammenhang stehende Polizei in besonderem Maße beschäftigten, kommen vor allem in zwei damals sehr bedeutsamen kriminalpolitischen Problemen zum Ausdruck, nämlich dem Problem von der Bestrafung der Kindestötung [4]) und in dem Problem von der Bestrafung der Bettelei und der aus dieser hervorgehenden zahlreichen Verbrechen; diese beiden Probleme sollen im folgenden eingehender zur Darstellung kommen, besonders auch deswegen, weil sich an ihnen am besten zeigt, daß auch Friedrich Wilhelm I. bereits derartige Präventivmaßregeln anwandte und daß Friedrich der Große hier mitunter nur seines Vaters Werk in modernerem Sinne fortsetzte.

1. a) Friedrich Wilhelm I. sah die Hauptursache der Kindestötung in dem Treiben der Dirnen, die aus Furcht vor der öffent-

---

[1]) Frank S. 65 u. 74.

[2]) Oeuvres XX, S. 23; auch Oeuvres XXIII, S. 410. Berner S. 421; Zeller S. 248 Anmerkungen zu S. 111/12; Hälschner S. 183; Stölzel (15 Vorträge) S. 171. Vgl. auch Küntzel II, S. 36: Polit. Testament von 1752: „L'intérêt de l'Etat est que ses citoyens la (la vertu) professent tous; il faut donc la faire connaître, amplifier même les belles actions."

[3]) Berner S. 421/2. Fischl S. 169.

[4]) Abegg S. 147 ff. v. Liszt, Lehrbuch S. 306/07. Vgl. auch Fischl S. 170 u. 172.

lichen Schande ihre heimlich geborenen unehelichen Kinder beseitigten, um einerseits in der menschlichen Gesellschaft nicht kompromittiert zu sein, andererseits den auf Hurerei gesetzten hohen Strafen zu entgehen. Zwei Wege waren es nun, die der König gehen zu müssen glaubte, um der sehr häufig vorkommenden Kindestötung erfolgreich vorzubeugen: erstens hoffte er, wie wir schon sahen, durch Androhung der schwersten und grausamsten Strafen im Volke einen heilsamen Schrecken hervorzurufen [1]), und zweitens versuchte er nach Möglichkeit, dem Treiben der Dirnen durch polizeiliche Maßnahmen zu steuern, wovon an dieser Stelle besonders zu sprechen ist. Deutlich kommt dieses letztere Bestreben zum Ausdruck in einem Edikt vom November des Jahres 1718 [2]), in welchem der König ausspricht, daß er bedacht sein müsse, „wie der Gelegenheit zu solchem Übell (der Hurerei) mit Ernst vorgebeugt" werden könne, und so folgte denn eine Anzahl von polizeilichen Verordnungen, die diesem Zweck gerecht werden sollten: Zunächst sollte eine Art Konzessionssystem für die Schankwirte eingeführt werden, da man sich sagte, daß in den kleinen Wirtshäusern der Hauptherd des Übels verborgen sei. Ledige weibliche Personen durften nur, wenn sie einen Schein [3]) vom Prediger oder von einer Behörde ihres Heimatsortes vorweisen konnten, von Wirten aufgenommen und mußten beim geringsten Verdachte eines nicht einwandsfreien Lebenswandels sofort beim Magistrat zur Anzeige gebracht werden. Um solche Anzeigen sicher zu stellen, bekamen die Ortsbehörden den Auftrag, öfters die Wirtshäuser unvermutet zu visitieren und dabei alle unlauteren Elemente vor die gerichtlichen Behörden zu bringen; bei diesen Visitationen mußten die „ledigen Dirnen" entweder ein ehrliches Gewerbe nachweisen können, oder sie wurden ins Arbeitshaus gebracht, wenn nicht gar des Landes verwiesen. Überführte Huren sollten entehrend gestraft oder ausgewiesen, überführte Kuppler „andern zum Abscheu und Exempel" mit Staupen-

[1]) Oben S. 18 u. 19.

[2]) Rep. 49 A. 1, G. i. C. 1618—1712: In diesem Aktenpaket befindet sich allerdings nur das Konzept des im Texte erwähnten Ediktes.

[3]) Eine Art Führungsattest.

schlägen über die Grenze gebracht werden; denjenigen aber, durch welche Bordellwirte zur Anzeige gebracht wurden, wurden Belohnungen für ihre Unterstützung in Aussicht gestellt.

Diese Maßregeln scheinen indessen den gewünschten Erfolg keineswegs herbeigeführt zu haben; denn in dem bereits zitierten [1]) Edikt von 1720 verordnete der König die Strafe des Sackens im Interesse einer möglichst nachdrücklichen Abschreckung; daneben aber hielt man die polizeilichen Vorschriften und Präventivmaßregeln aufrecht und ordnete die gerichtliche Untersuchung aller verdächtigen Personen an. Auf Bitten des Kriminalkollegs [2]) wurde im nächsten Jahre das Edikt gemeinsam mit einer Verordnung von 1710 erneuert und auf alle Lande extendiert; doch schon im Jahre 1723 sah man sich von neuem zu einer Wiederholung und Schärfung des Ediktes von 1720 veranlaßt. In Anbetracht dieses erfolglosen Kampfes gegen das Verbrechen der Kindestötung zweifelte man in den Kreisen der Praxis schon damals, ob das überaus strenge Vorgehen mit Hurenstrafen dem nach wie vor häufig bleibenden Kindesmorde Einhalt zu bieten imstande wäre; man sah gerade in den strengen Strafen die Ursache dafür, daß die Anwendung polizeilicher Präventivmaßregeln erfolglos blieb, und versprach sich bereits mehr Erfolg davon, wenn man die Hurenstrafen erließe, um den gefallenen Dirnen die Furcht vor der Bestrafung ihres Fehltrittes zu nehmen, die die Furcht vor der entfernteren Strafe des Sackens übertönte und dadurch häufig zur Kindestötung die Veranlassung gäbe. Dabei kam das Kriminalkolleg auf einen sehr eigenartigen Gedanken [3]) und machte den Vorschlag, man möge wenigstens denjenigen Dirnen, welche sich zur Ausbildung der jungen Mediziner in der Frauenabteilung der Charité behandeln ließen, die Strafe erlassen,

> „damit eines Theils die heimlichen Geburten desto mehr vermieden und anderen Theils der Endzweck wegen derer Chirurgorum erhalten werden möge.“

---

1) Oben S. 18. Mylius CC II, III. Abt., Sp. 121 ff.

2) Immediatbericht vom 19. August 1721: Rep. 49, A. 1 1618—1732.

3) Rep. 49, A. 1, G. i. C. 1732—44: Eingabe des Kriminalkollegs an v. Viebahn, der den Vorschlag dem Könige zu vermitteln hatte.

Der König wollte indessen nichts davon wissen, und so blieb es bei den alten Verordnungen, bis

b) Friedrich der Große zur Regierung kam. Auch er sann diesem Übel gegenüber auf Abhilfe und glaubte ebenso wie die Räte des Kriminalkollegs den Herd des Verbrechens in der überaus harten Bestrafung und der Furcht vor Schande zu entdecken. So schaffte er schon 1740 [1]) die Strafe des Sackens ab und erklärte diesen Schritt in seiner Dissertation mit folgenden Worten:

> „Les lois n'attachent-elles pas un degré d'infamie aux couches clandestines? Une fille née avec un tempérament trop tendre, trompée par les promesses d'un débauché, ne se trouve-t-elle pas, par les suites de sa crédulité dans le cas d'opter entre la perte de son honneur ou celle du fruit malheureux, qu'elle a conçu? N'est-ce pas la faute des lois de la mettre dans une situation aussi violente? [2])"

Die polizeilichen Maßnahmen, die unter Friedrich Wilhelm eingeführt waren, behielt Friedrich II. als nützlich bei und brachte sie in dem Edikt vom 8. Februar 1765 [3]) in Erinnerung. Der bedeutungsvolle Fortschritt dieses Edikts bestand aber darin, daß im § 5 folgende Bestimmung getroffen wurde:

> „Damit endlich die in Unehren schwanger gewordenen Weibes-Leuthe um so weniger Bedenken finden mögen, ihre Schwangerschaft bekandt werden zu lassen und nach der Vorschrift dieses Edikts von freien Stücken anzuzeigen, so sollen, um ein größeres Uebel zu verhüten, von nun an alle Huren-Strafen, von welcher Gattung und Arth sie seyn mögen, völlig abgeschaffet seyn, und dergleichen Weibes-Leuthe ihres begangenen Fehltrittes halber zu keiner Strafe ferner gezogen, auch ihnen nicht der geringste Vorwurf deshalb oder einige Schande gemacht werden."

Gerade in diesem Paragraphen kommt eine sehr interessante Präventionsbestrebung zum Ausdruck. Friedrich der Große beabsichtigte dem Vorkommen des Verbrechens dadurch vorzu-

---

[1]) Acta Borussica VI, 2, S. 77; Hälschner S. 182.

[2]) Oeuvre IX, S. 28.

[3]) Mylius NCC. III, Sp. 587 ff., besonders Sp. 592.

beugen, daß er Vorurteile und ihm falsch dünkende Ehrbegriffe zu bekämpfen suchte: er nahm der unehelichen Geburt den bisherigen Makel, um der Mutter wie dem Kinde das spätere Fortkommen zu erleichtern. Wichtig ist gerade in dieser Hinsicht auch der Bau des Königsberger Arbeitshauses [1]): Dieses sollte u. a. auch eine Unterkunftsstätte für unehelich geborene Kinder sein, damit ihnen hier eine bessere Erziehung und eine Ausbildung im Handwerk zuteil würde und sie dann später in der Lage wären, sich wie jeder Handwerker ehrlich ihr Brot zu verdienen.

Freilich hatte auch Friedrich der Große trotz aller Bemühungen nicht den gewünschten Erfolg. Jene gewiß sehr fortschrittlich gestimmte Verordnung im Edikte von 1765 verhallte wohl ziemlich fruchtlos, da sich die Ehrbegriffe ganzer Bevölkerungskreise naturgemäß nicht polizeilich regeln lassen. So sind nachweislich die Kindestötungen unter den zu Todesstrafen führenden Verbrechen die zahlreichsten gewesen, wie folgende statistische Übersicht über die in den Jahren 1775 bis 1778 [2]) verhängten poenae capitales zu erkennen gibt.

Es wurden poenae capitales verhängt in Fällen von:

Mord	12
Giftmischerei	4
Straßenraub	2
Kindestötung	18
Brandstiftung	8
Verleitung zu Desertion	2
Summa	46

Seine Verwunderung über dieses unerhoffte Ergebnis seiner Bemühungen spricht Friedrich der Große in einem an Voltaire gerichteten Briefe vom 11. Oktober 1777 [3]) aus, wo er schreibt:

„Seitdem unsere Gesetze gemildert worden sind, werden bei uns im Durchschnitt jährlich nur 14, höchstens 15 Todesurteile gefällt. Das kann ich Ihnen um so zuverlässiger sagen, da ohne meine Unterschrift niemand zu Festungsstrafe verurteilt und ebenso niemand hingerichtet werden

---

[1]) Mylius NCC. II, Sp. 15 ff., besonders Sp. 19.

[2]) Rep. 49, A. 1, G. i. C. 1775—1786.

[3]) Mendelssohn-Bartholdy S. 458/59.

darf, wenn ich das Urteil nicht bestätigt habe. Die meisten Delinquenten sind Kindesmörderinnen. Andre Mordtaten gibt es wenig [1]), und noch seltener ist Straßenraub. Von den Geschöpfen, die so grausam gegen ihre Leibesfrucht verfahren, werden nur die hingerichtet, denen man den Mord beweisen kann. Ich habe alles getan, was ich nur konnte, um die unglücklichen Personen daran zu hindern, ihre Kinder über die Seite zu bringen. Die Herrschaften müssen es gerichtlich anzeigen, wenn ihre Mägde schwanger sind. Ehemals nötigte man die armen Personen, öffentliche Kirchenbuße zu tun; das habe ich abgeschafft. In jeder Provinz gibt es Entbindungshäuser für sie, und man sorgt für die Erziehung ihrer Kinder. Allein ungeachtet aller dieser Erleichterungsmittel habe ich doch nicht dahin kommen können, ihnen das unnatürliche Vorurteil, dessentwegen sie ihre Kinder töten, aus dem Kopfe zu bringen. Ehemals sah man es für eine Schande an, Mädchen zu heiraten, die Mütter waren, ohne einen Mann gehabt zu haben: ich beschäftige mich jetzt mit der Idee, wie ich diese Ansicht ausrotten will. Vielleicht gelingt es mir."

Der Versuch, unglückliche Ehrbegriffe im Volke hinsichtlich ihrer Wirkungen abzuschwächen, und dadurch gewissen Verbrechen vorzubeugen, begegnete uns auch in dem bereits zitierten wichtigen Edikte vom 10. Juli 1756, durch welches die Infamie bei den meisten Strafen abgeschafft wurde.

2. Als ganz besonders wichtige Präventivmaßregeln sind fernerhin die Vorkehrungen zu besprechen, die im 18. Jahrhundert der Bettelei gegenüber getroffen wurden, Vorkehrungen, die um so wichtiger waren, als die Bettelei und das Vagantentum gerade in damaliger Zeit den Hauptherd für die gefährlicheren Eigentumsdelikte, wie Einbruchsdiebstahl, Straßenraub u. dgl. bildeten.

a) Unter Friedrich Wilhelm I. wurden sehr zahlreiche Edikte gegen die Bettelei erlassen. Anfänglich ging man, ohne sich über den Ursprung des Bettelwesens Gedanken zu machen, mit harten

[1]) Diese Bemerkung steht allerdings zu der im Text zitierten amtlichen Tabelle im Widerspruch. Vgl. auch E. Preuß III, S. 376/77.

Strafandrohungen und Strafen vor und tat nichts, um die Notwendigkeit der Bettelei zu verhüten [1]). Fremde Bettler wurden auf die nächste Festung gebracht, dort summarisch verhört und sodann mit Staupenschlag und Brandmark ewig des Landes verwiesen. Mit einheimischen Bettlern verfuhr man nicht viel besser und brachte sie für immer in die Arbeitshäuser [2]), wenn man sie nicht ebenfalls über die Grenze schickte. Da die Nachbarstaaten ähnlich verfuhren und sich ebenfalls mittels Landesverweisung der Vaganten und Zigeuner zu entledigen trachteten, so war es kein Wunder, wenn an Stelle der aus Preußen ausgewiesenen Bettler an andern Orten neue Vagabunden nachströmten, so daß alles Vorgehen in dieser Weise sich als kriminalpolitisch unklug, als Sisyphusarbeit herausstellen mußte. Man schlug daher endlich im Jahre 1730 ein neues, mehr präventives Verfahren ein [3]), indem man für die einheimischen Bettler eine Art primitiver Armenpflege einführte und sie ihrer Heimatsbehörde zur Unterstützung überwies, um ihnen ihr Fortkommen zu erleichtern und auf diese Weise den von ihrer Seite drohenden Verbrechen vorzubeugen. Im übrigen verfuhr man weiter streng mit aufgegriffenen Bettlern und suchte ihrer durch rücksichtslose Häuservisitationen habhaft zu werden.

b) Unter Friedrich dem Großen dauern die Bemühungen, gegen die Bettelei anzukämpfen, fort. In den Gegenden, in denen Zuchthäuser zur Verfügung standen, suchte Friedrich, wie schon oben erwähnt, die Arbeitsscheuen, Bettler und Landstreicher vor allem durch Zuchthausarbeit zu bessern [4]). Allein besonders bemerkenswert sind hier die Maßregeln, mit denen er der Armut, der Quelle der Bettelei, zu steuern sich bemühte, um dadurch die in Not geratenen Untertanen von der Versuchung [5]), Diebstähle und sonstige Eigentumsdelikte zu begehen, nach Mög-

---

1) Mylius CC. V, V. Abt. 1. Kap. Nr. 55. Mylius CC. II, III. Abt., Sp. 141.

2) Mylius CC. V, V. Abt., 1. Kap. No. 57: Edikt vom 20. Dezember 1727.

3) Mylius CC. V, V. Abt., 1. Kap. Nr. 58; Conrad S. 545.

4) Oeuvres XXVI, S. 552: „... si la fainéantise est la mère de tous les vices, le travail est le plus sûr gardien de la vertu..."

5) Friedrich entschuldigte in seiner Dissertation den Diebstahl der Armen und nannte es die Aufgabe der Reichen, jenen zu helfen, um so den aus Armut begangenen Verbrechen vorzubeugen. „Qu'un malheureux dérobe pour vivre quelques

lichkeit zu befreien. Wie unter Friedrich Wilhelm I. wurden auch jetzt die Ortsgemeinden zur Unterstützung der Armen angehalten [1]); das nähere wurde dabei schon ganz ähnlich geregelt, wie dies später im allgemeinen Landrecht von 1794 [2]) der Fall gewesen ist. Darüber hinausgehend, ordnete aber der König in den Zeiten der Not an, daß den armen Bevölkerungsklassen aus den in der Monarchie angelegten Getreidemagazinen wirksame Unterstützung gewährt wurde; eine an den Minister von Blumenthal gerichtete Kabinettsordre [3]) gibt davon ein Beispiel:

> „Was das Brodtkorn vor die dort wegen Unglücksfällen nothleidende Unterthanen anbetrifft, so habe ich allerdings... v. Kleist verwiesen, daß er mit seinem Bericht deshalb so lange gezaudert hat, indem wenn denen daran nothleidenden Leuthen damit geholfen werden soll, solches in Zeiten und nicht allererst alsdann geschehen muß, wenn gedachte Leuthe allererst soweit zurückgekommen seynd, daß keine Hülfe bei ihnen etwas verfänget; Ich habe dahero den Obrist v. Retzow aufgegeben, daß derselbe sonder den geringsten Zeitverlust die Verfügung thun soll, damit von den 11/m Wispel Magazin Getreyde, so ich vor weniger Zeit aufkaufen und asserviren lassen, 400 Wispel der Litthauischen Cammer zur Verabfolgung assigniret werden; Welche letztere zugleich von mir instruiret worden, dieses quantum ... denen dortigen nothdürftigen Leuthen... vorschußweise zu reportiren; und zwar solches schlechterdings ohne den geringsten Unterschied, ob es Amts- oder Adeliche oder auch sonsten Städte und andere Unterthanen seynd; indem vor die Conservation der einen sowohl als der anderen gesorget werden muß, da sie alle meine Unterthanen seyn."

Auch sonst finden sich vielfach kleinere Maßnahmen polizei-

---

pistoles, une montre d'or ou pareilles bagatelles à un homme que sa magnificence empêche de s'apercevoir de cette perte, faut-il que ce misérable soit dévoué à la mort? L'humanité n'exige-t-elle pas qu'on adoucisse cette extrême rigueur?" Oeuvres IX, S. 27.

[1]) Mylius III, Sp. 345: Reskript v. 19. XII. 1763.

[2]) Conrad S. 545/46.

[3]) Publikationen aus den Kgl. Preuß. Staatsarchiven S. 304, Nr. 109: K. O. vom 3. April 1752.

licher Natur, die nicht alle aufgeführt werden können; in den Dörfern um Kottbus mußten beispielsweise nach einer Verordnung vom 6. August 1764 [1]) alle Einwohner ihre Fischereigeräte abgeben, damit weitere Fischdiebstähle, die streng geahndet wurden, in den Kottbuser Teichen unmöglich wären.

Daß dergleichen Präventionsmaßnahmen öfters zu einer höchst peinlichen Belästigung der Untertanen führen mußten, darüber mag sich Friedrich der Große im Geiste der Wolffschen Philosophie und der Aufklärungsphilosophen mit dem Gedanken an die salus publica hinweggesetzt haben [2]). Der Satz „Salus publica suprema lex esto" war auch für Friedrich das Leitmotiv, bei seiner strafrichterlichen Tätigkeit. Wurde auch durch jene stärkere Betonung der Spezialprävention das Interesse des Individuums anscheinend in ein helleres Licht gerückt, so war doch auch dies nur eins der Mittel, das bien public zu fördern [3]); und diesem Ziele sollten auch die polizeilichen Präventivmaßnahmen dienen, die uns wegen ihrer Eigenart im Polizeistaat des 18. Jahrhunderts nicht verwundern dürfen.

Das preußische Allgemeine Landrecht von 1794 stellt das Ergebnis der reformatorischen Bestrebungen dar, die seit dem Regierungsantritt Friedrichs des Großen begonnen und unter dem unmittelbaren Einfluß dieses Monarchen fast ein halbes Jahrhundert erfüllt hatten. In seinen milden Strafbestimmungen und seinen zahlreichen Vorbeugungsmaßregeln spiegelte dieses Gesetzbuch die kriminalpolitischen Anschauungen wieder, denen Friedrich der Große rechtliche Geltung verschafft hatte.

Daß es unter Friedrich selbst zu einer Kodifikation des preußischen Strafrechts nicht kam, war kaum zum Schaden des Staates; denn in dem unmittelbaren Einfluß des großen Königs auf die Strafrechtspflege und seiner unermüdlichen Pflichttreue und Gerechtigkeitsliebe hatte der preußische Staat die sicherste Garantie für eine gerechte und zielbewußte Bekämpfung des Verbrechens.

---

[1]) Mylius NCC. III, Sp. 461.

[2]) Kade S. 59.

[3]) Günther, Strafrechtsreform S. 137.

MIX
Papier | Fördert gute Waldnutzung
FSC® C083411

Kolibri 360 GmbH
Ferdinand-Jühlke-Straße 7
99095 Erfurt, Deutschland
produktsicherheit@kolibri360.de